3 ソウルで知ったこと　女性たちの行動

서울에서 알게 된 일 ― 여성들의 행동
Seoul report and Women's action

4 連帯、そして日本の私たち

한국 페미니즘과 우리의 연대
Solidarity: korean feminism and us

韓国フェミニズムと私たち

한국 페미니즘과 우리

韓国フェミニズムと私たち

目次

한국 페미니즘과 우리

한국 페미니즘과 우리 ／1

韓国のヤングヤングフェミニストたち

한국의 영영페미들

Korean young-young feminists

essay

01

脱コルセット：到来した想像

탈코르셋：도래한 상상

イ・ミンギョン
이민경
〈訳〉すんみ・小山内園子

二〇一五年、オンライン上で「#私はフェミニストです」運動が始まり、女性嫌悪に立ち向かうコミュニティサイト「メガリア」が登場した。二〇一六年にはソウルの繁華街で起きた女性嫌悪殺人「江南駅殺人事件」を契機に、〈自分はフェミニストだ〉という集団的なアイデンティティが生まれた。二〇一八年の「不便な勇気」デモ【訳注】では、約三十四万人の女性たちが街を埋めつくした。そんな韓国社会に生きる女性のあいだで最もヴィヴィッドに現れた動きといえば、断然「脱コルセット」である。「脱コルセット」とは文字通りコルセットを脱ぐ、という意味だ。ここで言う「コルセット」とは、二〇一六年からフェミニストたちがオンラインを中心に使い始めた用語で、社会が女性に「女らしくあれ」と強要してくる要素に名前を与えようと用いられた言葉である。二〇一五年から始まったオンライン・フェミニストたちのあいだで社会にコルセットが存在していることが指摘され、二〇一六年になると、そのコルセットを日常生活のなかから「脱ぎ捨て」る実践の段階に移った。二〇一六年夏から徐々に広がりはじめ、二〇一八年に大きく拡散。女性は脱コルセット運動を通じ、お仕着せの「女性性」を取り払った状態で、女性として存在しようとしている。運動のルールは簡単だ。コルセットを外すこと、そして二度と身につけないこと。運動は「着飾り全面停止」という、単純ながら一貫した原則を中心にしているのだ。韓国社会では、女性ばかりにルックス中心主義を押しつける文化や、ダイエット、整形、コスメといった圧力が、女性個人の身体にのしかかっている。脱コルセット運動は、そんな韓国社会に生きる女性に大きな反応と反発を同時に引き起こしながら、注目を集めつづけている。

最近私はこの運動をテーマにした『脱コルセット：到来した想像』という本を出した。そのなかで私の声は、運動のメッセージを伝えるという役目に徹している。脱コルセット運動は誰か一人の代表者に導かれるものではなく、匿名の女性たちがそれぞれの人生でつかみとってきた洞察、知識の集合によりブレイクしたものだからだ。運動の水平的な起爆力や成り立ちをそっくりそのまま伝えるため、私は一年で約百人の女性と語り合い、合わせて十七人の女性に登場してもらった。だがこの本は、何人かの声をバラバラに寄せ集めたインタビュー集というわけではない。それぞれ独自のカラーを持つ十七人の女性たちが紙の上で順番につながり、最終的には大きな一つの物語に収れんされていくという多声的なテキストだ。一人の物語に十七人が登場し、十七人の物語はまるで一人の物語のように一点に集まる。それが可能なのは、この運動が個人で女性性の圧力を減らし、自由になることを目指すものではないからだ。個人がそこそこ着飾るのを止め、ちょっとラクになるというのではなく、みんなで脱コルセットをして社会構造そのものをかえること。ルックス至上主義とたたかってきたこれまでの運動の目指す「実践による人生の変化」を越えて、女性共通の目標を掲げているのである。

韓国のフェミニストとして韓国社会の動きにプライドを持つ私は、二〇一五年から拡散し続けるフェミニズムの動きに共鳴できたことをとても感謝している。なかでも脱コルセット運動は、同時代で目撃できてよかったと感じているものだ。先に触れた、運動に関わった一人ひとりの女性の物語が集まった大きな一つの物語が目指す共通の目標、それは女性を救うことだ。韓国国内においての運動は、ネット上のフェミニストのあいだでブレイクする段階を越え、一般社会へとステージが広がりつつある。同時に、運動のメッセージを国外に発信しようともしている。脱コルセットは今後もっと広められるべきだし、たくさんの事例を生み、さらに強大な力を発揮し、より多くの女性を救う段階なのだ。女性を救おうと韓国の女性たちが希望を込めて力強く打ち上げた信号弾。それに、国境を越えて応答してくれる最初の声が日本から聞こえてくることを、私は信じている。

【訳注】「不便な勇気」デモ
二〇一八年、あるオンラインコミュニティに男性のヌード写真をアップした女性が、事件発生からわずか十二日で逮捕された。女性がいくら盗撮被害を訴えても犯人捜しは難しいと腰の重かった警察が、女性が加害者になったとたん迅速な動きを見せたことに女性たちが激怒。「公平捜査」「同一犯罪同一処罰」などを求め、六回にわたってデモが行われた。#MeToo運動の開始以来、最大規模とされている。「不便な勇気」とは、「男女平等のためには世の中が不便を感じるほど勇気を出さなければいけない」の意。

イ・ミンギョン
韓国延世大学校仏語仏文学科・社会学科卒業。韓国外国語大学校通翻訳大学院韓仏科で国際会議通訳専攻修士学位取得。現在、韓国延世大学校文化人類学科修士課程在学中。著書に『私たちにはことばが必要だ　フェミニストは黙らない』『私たちにも系譜がある　さびしくないフェミニズム』『失われた賃金を求めて』『脱コルセット』など

essay

02

フェミニストのコミュニティ設計

페미니스트의 커뮤니티 설계하기

シン・インア
신인아
〈訳〉尹怡景

昨年の夏、私は同年代のデザイナー、キム・ソミ、ヤン・ミニョン、ウユニゲと一緒に「フェミニスト・デザイナー・ソーシャルクラブ」（以下FDSC）を始めた。小さくても、お互いのノウハウやヒントを共有できる集まりがあったらいいなという気持ちで始めたこのクラブは、一年が過ぎた今、さまざまな現場でさまざまな形で働いている経歴一年目から二四年目までのグラフィックデザイナー一一二人が活動するソーシャルクラブに成長した。

私たちは、FDSCのことを「フェミニストのグラフィックデザイナーがより高く飛躍し、より長く働き、よりたくさん稼ぐために助け合うソーシャルクラブ」と紹介している。それが最も単純で正確だからだ。しかし、私たちの説明が不十分だったのだろうか、人それぞれFDSCについてさまざまなイメージを抱いているようで、彼らの解釈に直面するたびに戸惑ったり大笑いしたりする。ある時は、FDSCのことを漠然と「恐ろしいところ」だと思っている人に会ったことがあるが、私はその後、「FDSCのことをメンバーが円座して呪いをかけるオカルト集団とでも思ったんだろうか」と想像し、一人で笑ってしまった。まあ、女性は魔女だと思っていた時代もあったから。とにかく皆それぞれ違う解釈でFDSCを見ているのは、おそらくFDSCがなじみのない形態のコミュニティであるからではないだろうか？　だとしたら、私たちは上手くやっているのだと思う。

なぜなら、この世の誰も男女平等が実現された社会で暮らした経験がないので、フェミニストが作ったコミュニティというのは、誰にもなじみのない形で発現されるはずだからだ。フェミニストとして、または「基本の基準」を調整しようとする市民として、コミュニティを作る際にどのような悩みを抱えるのだろうか？　その人たちも私たちと同じような悩みを持つだろうか？　同じく悩んで同じ結論に到達したのだろうか？　それとも別の方法で突破したのか？　私は私たちの悩みを分かち合い、他の人とどれだけ似ていて、どれだけ異なるのか気になり始めたところである。

この記事は、似たような悩みを抱えている誰かに届くことを願いながら書いた一種のマニュアルである。

一　解決できない悩みから始まった原則と（小さくて）大きな目標設定

二〇一五年、韓国のいわゆる「フェミニズム・リブート」をまざまざと目撃しながら、私はフェミニストとしての目を持つようになった。そして二〇一六年は「デザイン・ソホ（designSOHO）」のセクハラ事件【訳注1】、江南駅の女性嫌悪殺人事件、デモ文化を変えた梨花女子大学のデモ【訳注2】、#○○系–内–性暴力のハッシュタグの運動、そして朴槿恵大統領の弾劾まで休む暇も無く、次々と事件が起こり続けた。二〇一五年の私が新しい目を持つように なったとすると、二〇一六年の私は、それまでとは違う感覚を持つ人となっていた。私は私が女性であることを、そしてそれが私個人のすべての特性を出し抜いて機能するという、一生否定したかった事実を認めるしかなかった。結果的に、私はかなり絶望に陥った状態になっていた。まず、それでも孤軍奮闘し何か変化を作ろうとする人々を見て、一個人がいつまで活動を続けられるのだろうか、彼らが力を消耗してしまうのではないか心配になった。また、私自身がこの社会構造を支えている一人ではないか不安になった。

だから当時の私は、結局個人ではなく、国家が政策的に何かをすることで多くのことを解決できると思っていた。そのため、世界のさまざまなジェンダー主流化の事例——例えば、オーストラリアのScreen Australiaは、二〇一五年から助成金の五〇%を女性が製作する映画に投資することにし、最近、過去三年間のデータをもとに、プログラムを強化した——を調査し、国会議員のイ・ジョンミ氏を招いて、そのような政策の導入に必要なものは何かについて尋ねる場を設けた。振り返ってみると、その時の私は、絶望した状態でありながら、あまりにも純粋だったので、そのような政策を導入することがどれだけ難しくて不可能に近いことなのかをよく知らなかった。ジェンダー主流化を成し遂げるまでの苦しい時間に耐えるためには、結局のところ個人の日常に変化が宿る必要があるというのが今の私の結論である。

やはり、私たちの望み通りに社会の構造を変えることは、かなり漠然としていて不可能に見える。この不可能を中心にコミュニティを作るということは、不可能なことを可能に見えるよう、観点を変えて提示する必要があることを意味する。まず私たちは、質問から再設定した。二〇一六年の韓国には「あんなにたくさんいた女性デザイナーはどこへ消えてしまったのか?」という質問があった。その質問が示す方向は何一つ光のない暗闇のようで、まるで女性がデザインをするためには、ある種の大きな覚悟でもしなければならないように思えた。しかし、この質問で「どこへ」を「どのように」に変えれば、多くのもやもやが解消される。私はすでに先進のジェンダー主流化の事例研究を通じて、女性がどのように消えるのかについて十分なデータを持っていた。また、リンダ・ノックリンの有名なエッセイ「Why Have There Been No Great Women Artists?」【注1】からヒントを得て、私たちが日常でよく耳にする言葉で「どのように」を究明し、この問題を改善するための七つの原則を立てた。

1.「え? もう帰るの?」「〇〇は子供の面倒見にいくといって、ちゃんと仕事しないでしょう?」
夜勤、激務、会食が美徳とされる文化は女性と社会的弱者を排除します。私たちはデザイナーの労働環境改善のために勉強・実践します。

2.「君、私から仕事を習っているのに、私が給料まで払わなきゃいけないの?」「お金が稼ぎたかったらどうしてインターンなんてやっているの?」
最初は苦労をしなければならないという認識を変えましょう。私たちは無料では働きません。無給労働、インターン制を拒否します。私たちは私たちの職業や技術にプライドを持ち、その成果物に正当な対価を要求する方法を勉強・実践します。私たちは私たちの職業や技術にプライドを持つのと同じくらい他人の職業・技術も尊重します。

3.「私はそんなこと興味もないし、上手くできません」「私の作業は、まだちょっと……」
社会的に女性は積極的に乗り出さない方がいいと教育されます。自分の作業を発展させ、積極的に知らせて自信を持つための訓練をしましょう。

4.「この業界は本当に狭いよ。頑張ってね」「○○デザイナー？　ああ、○○の奥さん？」
男性中心、学縁、地縁など知人を中心にしたネットワークは避けましょう。また個人的な関係（知人）に基づいた採用やコラボレーションは避けましょう。採用やコラボレーションする相手を探す際には公開的な方法でマイノリティを含め誰にでも同等なチャンスが与えられる環境を作り、女性や社会的マイノリティを優先的に考慮しましょう。

5.「○○先生は本当にすごかったよね？」「やっぱり○○○先生の作品は言葉がいらない」
個人に対する神格化を警戒しましょう。いいデザイナーには明確な理由をつけ、誰でも作品について語りあえるようにしなければなりません。

6.「今日はどうしてそんなにいやらしい下着なの？」
【注2】性的暴力・強制ワイセツ・セクハラ、そしてすべての嫌悪については不寛容という原則を適用します。

7.「なんとなく」「みんなやってる」
性差別的慣行や文化は自然なことです。だからこそ、問題を提起して代案を模索することは長い間、たくさんの人の努力を必要とします。だから持続可能なFDSC活動のため、FDSCは誰も犠牲にならない活動を、自分自身を守れるような空間を目指します。尊重や支持に基づいて活動し、質問と提案、ミスや失敗をすべて歓迎します。

二　実行可能で手が届く行動に誘導する

上記の原則の中で私が最も重要だと考えているのは、最後の七番である。フェミニズムは、集団から個人を救う思想だと思う。したがって、個人を消耗・犠牲にして害することを避けるべきである。またFDSCの活動が個人の日常に介入するよりは、日常を豊かにすべきであり、不便にするよりは楽にしなければならなかった。不可能に挑戦するために原則を立てたけれど、それを実行に移すには、ハードルの低い行動であり、かつ自己効力感につながる必要があった。いくつかの事例を挙げて説明すると次のようになる。

FDSC内部で流れる情報は、どこにも見つけることのできない、高いレベルの情報にした。クラブに参加している人たちにとって、参加が「良い事をするために」「わざわざ」する行動ではなく、個人にとってもメリットがある構造を作るためだった。この最低条件を満たすためにFDSC加入条件が作られた。まず、FDSCはすべての人に開かれたコミュニティではない。FDSC（私たち）は、FDSC加入のために、非定期的に開催される説明会に参加しなければならない。説明会の開催はFDSCのSNSアカウントのみで広報するので、普段FDSCをフォローしている人だけが加入対象となる。説明会ではFDSCの運営方針を説明し、加入するとどのような活動をするのかについて紹介する。運営方針などに同意する人は加入申請書を作成して提

2018年7月15日、FDSC設立を知らせた最初の説明会。200人の参加申請者のうち55人を招待、運営や原則を共有した彼女たちはFDSCの最初のメンバーになってくれた　©raya

出できる。説明会は開催される場所に応じて、参加可能人数が設定されているが、いつも定員の二倍から多いときは四倍の人が参加申請をしている。私たちは、説明会参加申込書にポートフォリオの提出を求めていない。その人のデザインがどれだけ上手いかよりは、FDSCに熱意を持って活動する意向がある人なのかが、より重要だからだ。

FDSCで活動する方法には、さまざまなレベルを設けた。最も簡単なのは、オンラインで絵文字やコメントを投稿することだ。オンラインでのツールは、コラボレーション・ツールであるスラック（slack）を使用している。パソコンやスマホで業務を行うデザイナーが最も簡単で緊密にアクセスできる方式だと思った。みんなにもっと身近なNAVERやDAUMカフェなどのウェブサイトを利用することもできるが、なじみの薄いツールであるスラックを選択した理由もある。それはスラックが持っている「新しい」イメージだ。スラックを選択することで、私たちはFDSCが変化に能動的でフレッシュなコミュニティであることを強調できたと思っている。FDSCを通じて初めてスラックをインストールした人には、FDSC活動を始めること自体が新しい試みにつながることになる。もちろん、スラックはなじみの薄いツールであるため、もし活性化につながらなければどうしようと心配もしたが、現在一一二人の会員が一週間にスラックで共有するメッ

FDSCスラックで最も人気のあるチャンネルのオフラインバージョンであるタウンホール。去る9月21日に開かれたタウンホールでは、デザイナーの仕事探しと転職について語った　©eunjinkwak

fflag highワークショップ参加者の成果物の記念写真。各自がワークショップの過程の中で出した作業結果は、インスタグラムで#fflaghighを検索すると見つけることができる ©kyungheekang

セージの数は、二一〇〇件程度で非常に高い利用率を示している。スラックには、さまざまなテーマの対話チャンネルがあるが、最も人気が高いチャンネルは気になることを、何でも質問できる「FDSC知識人」というチャンネルである。ここには、自分が探しているフォントの名前から適正価格や見積もりまで、さまざまな質問と回答が行き交う。さまざまな分野のデザイナーが集まっているので、何を聞いても、ほとんどの質問は誰かが答えを持っている。

三　長く存続するコミュニティにするため所属感を与える

FDSCを運営するなかで、登録した会員が満足できるようなネットワークを得てほしいと思っている。それだけに、私たちが気を使っている部分は「外側からFDSCがどのように見えるのか」である。私たちは、FDSCに加入していない人が見たときに加入したいと思うほど魅力的なソーシャルクラブに見せることが、内部で参加している人たちにも刺激となり、所属感を与えると考えている。だからFDSCはどのような活動でも、すぐに使い道がなくても、格好良く写真や記録を残しておこうとしている。例えば、学生を対象に開催した四日間の夏休みワークショップ「fflag high」は一つの事例である。

fflaghighが開かれる期間には、いつも参加者とハッシュタグ「#fflaghigh」を通じて進行状況を共有し、成果物を公開して、熱気を伝えようと努力した。

二〇〇件を超える投稿のほとんどは参加者が個別にアップロードしてくれたもので、これを通じて彼女ら個々人が目立つ効果もあった。これも重要なポイントである。私たちはFDSCが個人を覆ってしまってはいけないと思っている。FDSCの活動はあまりにも簡単に「ああ、女性デザイナーたちが何かをやっているな」と認識され、その中の才能のある個人は、「女性デザイナー」という名の向こう側に消えてしまう。なので、FDSCは団体としての力を保ちながらも、個人が消えないようにバランスをとることに、常に気を使っている。バランスをうまく保つほど所属感が形成される。

四　活動への感謝と報償を忘れない

FDSCのように自発的な参加を動力にしているクラブで、忘れないように常に努力すべきことは、活動への感謝を表示することと報償である。よいことを一緒にするための活動であり、どんなに小さな活動でも自分を分け合うことなので、活動を重ねるたびに自分を使い切っていると感じる瞬間が必ずやってくる。その埋め合わせとして、十分ではなくても、有形無形の報償をもらえるようなシステムを構築しようと努力している。

現在FDSCでは、一四人のデザイナーが運営チームとして活動している。彼女らはFDSCの運営に必要なそれぞれの役割を果たしている。例えば、会計処理、会員の管理、メールやSNSアカウントの管理、FDSC内でどれだけの情報が共有されているかの整理などである。これに加えて、一般会員がチームを組んでポッドキャスト（Podcast）、ウェブサイトの構築、ワークショップの運営、ポートフォリオのレビューイベント進行などを行っているが、ここに運営チームのメンバーが一〜二人ほど係わって、必要なサポートをしている。運営チームの最大の役割は、活動に参加している会員の様子をうかがい、彼女らに適切な報償を行うことにある。このように、さまざまな規模の活動をしている会員に所定の報償を与えるために、今年の八月、FDSCを有料会員制に転換した。不定期の募金に頼らず、毎月一定の金額の活動費を確保するためだった。所定の活動費の他にも、FDSC運営に必要な会議やミーティングに参加する場合、必ず美味しいものを食べることにしている。美味しいものを食べながら雑談を介してネットワーキングをして、「仕事」をしたというよりは、いい気分で家に帰ってほしいからだ。

五　変化は劇的には来ないということを忘れない

最後に、FDSCを通じて私が遭遇する場面について話したい。くだらなくて何でもない場面が与える感動についてだ。この間、FDSCのポッドキャスト「デザインFM」チームと一緒にシーズン1の打ち上げ記念旅行を行った。私たちは、コンドミニアムの大きな部屋を借りて美味しい料理を作って食べて、Bluetoothカラオケマイクで K-POPを歌って、夜明けまでボードゲームをした。そして地域の祭りに行ってバカバカしい汽車に乗り、髪の毛におかしなヘアピンをつけて笑いあった。私たちをみて、前述のような壮大な運営原則を思い浮かべる人は誰もいないだろう。しかし、人生の背景もスタイルも働く環境も皆それぞれのデザイナー八人が一緒に集まって、このような旅行をしたということは、今改めて考えてみても奇跡のようなことである。お互い顔を見合わせ、けらけらと笑った瞬間が持つ意味を忘れないようにしている。その時の私は、私たちが望んでいる未来をすでに目撃したと思っている。そして、その未来を目撃した以上、過去に後戻りすることはないだろう。

これこそ変化が訪れる方式であると信じている。

【注1】
http://www.artnews.com/2015/05/30/why-have-there-been-no-great-women-artists/

【注2】
「デザイン・ソホ」の強制ワイセツ行為の被害者が実際に聞いた言葉

【訳注1】「デザイン・ソホ（designSOHO）」のセクハラ事件
二〇一六年五月五日、国家人権委員会の雑誌『人権』のデザインも手がけているデザイン会社「デザイン・ソホ（designSOHO）」の飲み会に参加した女性新入社員が二人の先輩社員からセクハラを受けた。会社から解雇された女性新入社員は、その一部始終をネット上に公開した。これに対しデザイン・ソホ側は会社の名誉を損なう書き込みをしたとして彼女を刑事告訴した。その後、女性社員が自殺を図ったことでネットを中心に批判が高まるなど話題になり、デザイン・ソホは二〇一七年二月八日に自社ホームページに謝罪文を掲載した。

【訳注2】梨花女子大学のデモ
二〇一六年七月二八日、梨花女子大学の「未来ライフ大学」設立計画に反対を表明する学生たちがデモを始めた。その後、警察がデモに介入して学生と衝突するなどの事態が起きた。学生たちの問題提起が続き国会の監査が始まり、朴槿恵大統領の側近・崔順実の娘が梨花女子大学に不正入学したことが明らかになった。これをきっかけに朴大統領を弾劾に導いた崔順実ゲート事件が露わになった。

シン・インア
グラフィックデザインスタジオ「今日の風景」を運営する。生まれながらのアートディレクター。寝ても覚めても、フェミニストデザイナーが一銭でも多く稼がなければならないと頭を悩ませている。

interview 01

ボムアラム 봄알람（出版社）

いま必要なフェミニズム本を作っている出版社 気軽にフェミニストを証明して、みんなで考えを共有できるようになった

文 宮川真紀
通訳 木下美絵

２０１８年に刊行した日本版『私たちにはことばが必要だ　フェミニストは黙らない』は、〝女性がこれ以上苦しまないための日常会話のマニュアル書〟という、これまでにない視点で書かれたフェミニズム書として、日本でも若い女性を中心に予想以上の支持を得た。この本の原書『우리에겐 언어가 필요하다：입이 트이는 페미니즘』、通称「イットゥペ」（サブタイトルの韓国語の略称、입트페）出版元の「ボムアラム」は、著者イ・ミンギョンを含む、20代の女性４人で立ち上げたフェミニズム出版社である。江南駅付近女性殺人事件後、緊急出版した『私たちにはことばが必要だ』からスタートして３年、「いま必要なフェミニズム本を作っている」と標榜するように、新しいテーマの本を精力的に刊行している。韓国フェミニズムシーンで存在感を見せる彼女たちの３年間とこれからについて、話を聞いた。

――そもそもは、ミンギョンさんが江南駅殺人事件をきっかけに本を書きたい、ということから始まったんですよね。

イ・ミンギョン（以下ミンギョン）　江南駅殺人事件で起きたことを、文章を書いて配布しないといけないという思いにかられて、Facebookでメンバーを募集したんです。

ウユニゲ　ミンギョンが「こういう内容で本を書きたい、出版したいんだけど、本を出した経験がないから、手伝える人は手をあげてほしい」とFacebookにあげていて。私はデザイナーだからデザインができます、イ・ドゥルは編集を助けられます、という感じで返事を書いて、数日以内に集まりました。

左：『우리에겐 언어가 필요하다：입이 트이는 페미니즘』
2016年7月発行。
『私たちにはことばが必要だ　フェミニストは黙らない』の原書
右：クラウドファンディングで作った最初のバージョン

――みなさんネットで知り合ったんですか？

イ・ドゥル（以下ドゥル）　ミンギョンとヘユンはもともと知り合いです。最初集まったのは6人でしたが、出版社にすることになって残ったメンバーがこの4人です。

――『私たちにはことばが必要だ』は9日間で書いたんですよね。その後編集、制作、発行と、最初からうまく出版活動をできたんですか？

ドゥル　そうですね、編集、デザイン、クラウドファンディング、それぞれもともとその仕事をしていたので、やることはわかっていましたので。

ウユニゲ　事件の後に若い女性の間で、フェミニズムに対する熱気、こうしたいという思いがすごく強かったので、作業がすごくスピーディーに動いたんだと思います。私はそれまで勤めていた会社でパンフレットのデザインはやったことあったんですが、出版のデザインは全然わからず、ドゥルさんがとても経験豊富だったので教えてもらってできるようになりました。

——クラウドファンディングはヘユンさんが担当ですね。

ヘユン tumblbugというクラウドファンディングのサイトがあって、韓国の出版社はよく使うんですが、そこを利用しました。今では「フェミニズム」で検索するといろんなプロジェクトが上がってくるんですけど、そのときはあまりなくて、とても注目されて、ファンディングも順調に行きました。

——2184%！ すごいですね！

ドゥル グッズもすごく反応よかったです。これ全部ウユニゲのデザインですが、1万ウォン以上はステッカーと本、2万ウォン以上はステッカー3枚とライターと本とか、出資金額によってリワードを設定しました。

ウユニゲ ちょうどフェミニズムに対してみんなが関心を持ち始めた時期だったんですけど、気軽に参加できる軽めの活動がなく、本も難しい理論書が多かったので、フェミニズムへの敷居が高かったんですね。ボムアラムのプロジェクトで、バッジとかステッカーとか気軽にフェミニストを証明するグッズができて、みんなで考えを共有することが生まれたんだと思います。

——みなさん前からフェミニズムに関心があったんですか？

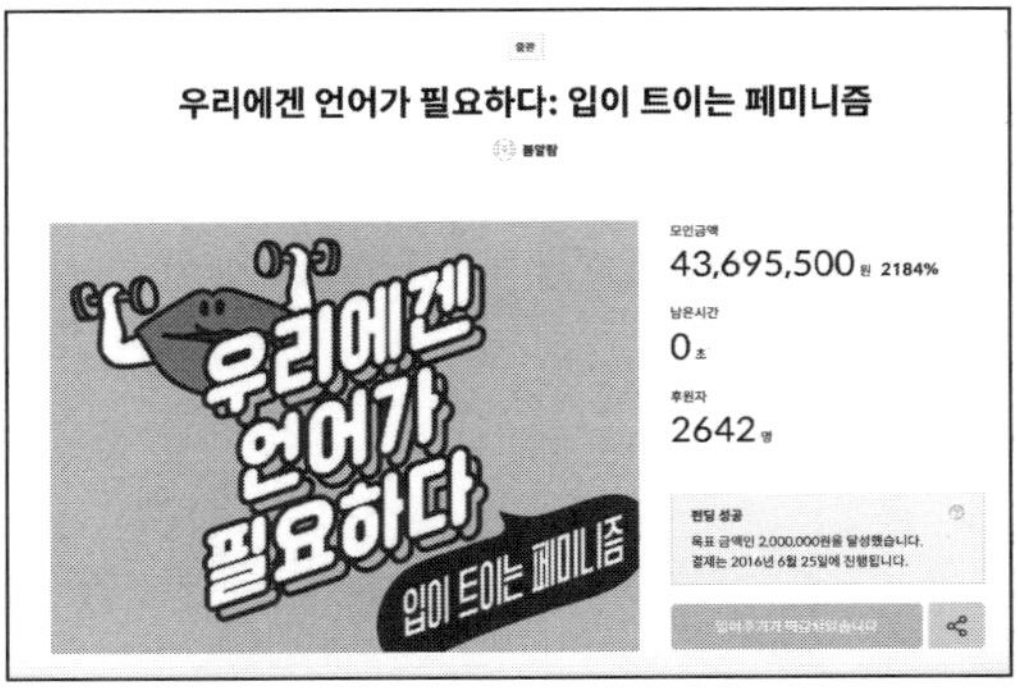

クラウドファンディングは2,184%達成。ステッカー、ドリンクボトル、マグ、ステッカーなどさまざまなグッズも作られた

ウユニゲ　自分では気づいてなかったけど、小さい頃から不当に感じることはあって、両親ともそのことでけんかをしたことはありました。大人になってもそれがフェミニズムという認識はなくて、でも知らないうちに積み重なっていて、江南駅殺人事件を機に爆発しました。メガリアというサイトが始まったときも、そこまで関心を持って見ていなかった。

ドゥル　私はフェミニストでした。会社員時代は、性に関する不平等を、このままじゃ生きていけないというくらい驚異的なものに感じていて、これに関する活動を求めていたんです。だから、ミンギョンがあげた求人にも応募しました。その時私も熱くなっていたので、すぐに一緒に作ろうと言って、そのままフェミニズム出版社になりました。

ヘユン　私は20歳のときまで「名誉男性」【注1】だったんですが……。人権に関心を持つようになり人権団体を探していました。レズビアンの人権団体に加入したことで女性主義を知るようになり、レズビアンにもなりました。大学時代は女性主義の団体に所属して、セミナーをしたり女性主義に関する文章を書いたりずっと活動を続けました。当時、大学の総女学生会（女子学生による学生自治会）にずっとだれも会長に出馬をしていなくて廃止の危機に陥っていたんですが、総女学生会長に出馬してその活動も行いました。ミンギョンはもう卒業していましたが、総女学生会の活動を一緒にするようになり親しくなりました。総女学生会が終わってからは、すぐボムアラムを始めることになり現在に至ります。私が20代初めの頃、つまりメガリアと江南駅の事件が起こる前は、大学でフェミニストを探したくても若いフェミニストを探すのがすごく難しかったし、フェミニズムに対して古いイメージを持っていました。フェミニズムの話をすると彼氏ができないとか、そういうのがかなり強かったんですが、大学在学中の２０１５年、２０１６年にメガリア・江南駅事件が起こったことを契機に、爆発的にフェミニストが増えるということを直接的に経験することができました。

――本の話に戻りますが、最初から「ボムアラム」として活動していたんですか？

ドゥル　ボムアラムという名前は、クラウドファンディングが終わって、緑の表紙のヴァージョンの本が出てからです。最初独立書店だけで売っていて、それは売り切れたので、もっと売ろう、出版社になって次の本も出そうかとなってボムアラムを作りました。クラウドファンディングの時に5000部作って、緑バージョンも初版5000部です。

――発売当初から売れ行きがよかったんですね。

ウユニゲ　はい、独立書店ですごく売れました。もともと独立書店メインで販売をしたので、大型書店と契約することは考えていませんでした。契約条件に「1冊だけしか出していないところは契約できない」とあったので。でも独立書店であまりに売れたので、大型書店から「納品してほしい」と連絡が来ました。売り切れてる店が多くて大型書店への問い合わせが多かったみたいで、逆に書店から依頼が来て契約しました。

――この前、教保文庫でみたら41刷となっていてびっくりしました。

ドウル　はい、今それくらいです（笑）

――最初の本が2016年で、その後もたくさん出していますね。

ドウル　次の『私たちには系譜がある』もクラウドファンディングをしました。このときもグッズを作って、これも「イットゥペ」ほどじゃないけど、大成功でした。

ヘユン　ミンギョンが次の本を書きたいというので出版社にしたというのもありますね。この本も早く書いてくれました。

――書きたかったことがたくさんあったんですね。

ミンギョン　時代的に言いたいことが多い時期だったし、1冊目が成功したから2冊目もうまくいくんじゃないかと思いました。

『ヨーロッパ堕胎旅行』（2018年7月）
取材旅行の模様はYouTubeでも配信されている

——ミンギョンさんの本は、全部ボムアラムで出しているんですか?

ドゥル　うちではあと『失われた賃金を求めて』があり全部で3冊ですけど、別のところからも出ているし、共著も多いです。フランス語、英語のフェミニズムの本の翻訳書も多いですね。フェミニズム関係の翻訳権があればミンギョンが頼まれることが多くて。書くのも早いけど、翻訳も早いんですよ。

——『ヨーロッパ堕胎旅行』は、メンバー4人全員で取材して作った本ですね。

ミンギョン　はい。おもしろかったです。「旅行」と「堕胎」というのをミックスした本を作ってみたかったんです。活動家のインタビュー集ではなく、旅をしながら活動家に会う、というコンセプト。ヨーロッパ大陸というのがポイントなんですけど、国境を越えることで、法律が変わって女性の体に対する考え方も変わっていく、ということを見せたかった。

——韓国は中絶が法律で禁止されていたんですよね。

ミンギョン　今年4月、憲法不一致という判決が出たので、事実上は合法になりました。それまでは、お金をたくさん出して、中絶していました、不法で。去年の夏にそれに対する反対運動が高まっていました。

ドゥル　『ヨーロッパ堕胎旅行』もその頃、去年7月に出ました。フェミニズムについても、何かきっかけになるような本を作ろうと思っていて、この本もそんな役目をしたと思います。

——日本のアートブックフェアで販売するためのバッジを作ってもらったとき、「いま必要なフェミニズム本を作っている出版社」とタグにありました。今はどんなことが必要ですか?

TOKYOARTBOOKFAIR用にボムアラムに作ってもらった「フェミニストです」バッジ

ミンギョン　「脱コルセット」です。日本だと「女子力」かな、それが障害になっている。女子力は男性の愛を中心に考える行動なので、女性の連帯ができない。韓国では「コルセット」というのを、女子力と似たような意味で使っています。

ウユニゲ　化粧しない人も増えてきて、そういう運動があることは認知されてきました。

ミンギョン　脱コルセットは、元々はオンライン上のフェミニストたちで広がったんですけど、それがだんだん一般の女性たちに広まってきた。

ウユニゲ　なんで効果的かというと、目で見て一瞬でわかるから。あの人はどういう考え方をしているかというのがわかるので、そういうところがすごく効果的。

ドゥル　化粧しないで外にでる女性が増えるだけで、お互い少しずつ自由になるじゃないですか。そんな効果が確かにあると思います。

ミンギョン　日本人の人は脱コルセットしてますか？

―― 日本は見た目よりも、気づかいとかそういうものがよしとされますよね。

ミンギョン　韓国の女の子たちも、誰かに強制されてじゃなくて、自分がやりたくてやってると思っているんですが、そうじゃないんだよ、というのが脱コルセット。「外見権力」という言葉があったんですが、クレンジングティッシュで落とせるようなものが何が権力だ、というのが議論の始まりでした。

―― 外見権力？

ミンギョン　化粧をして外見を整えることで、男性の気を引いて、男性の持っているものの分配を受けるという考え方。女子力と同じ理解です。女だからできる、それを権力とまでいうけど、落とせるものが権力と言えるのか、ということです。

―― なるほど。これからどんな本が出るんですか。

ドゥル　ミンギョンが企画翻訳した、代理母の本「대리모 같은 소리」（原題：Surrogacy：A Human Rights Violation）です。代理母の本は他にないので韓国で初めて。オーストラリアの本です。

ミンギョン　著者の方は、代理母反対の活動を30年やっている大学の教授です。

ドゥル　韓国ではあまり多くはなかったけど、最近その議論があったんです。シニアフェミニストの方達がその問題については「社会的に複雑なことが関わっているので、立場を選べない」とか言って、みんな怒ってたんです。じゃあこれはどう考えたらいいのか、と思ったとき参考になるものが全然なかったから、この本を出すことになりました。

——どうやって探したんですか

ドゥル　ミンギョンがアマゾンで見つけました。

ミンギョン　文章が短いけど強烈なメッセージがあって、なぜ反対をするのかを断言してくれる。経験も豊富な方だし、内容が複雑な学術書じゃないものを探していたのでちょうどよかったです。

ドゥル　学術的科学的根拠もあって、反対の立場を明確に伝えています。関連の本を3冊くらい検討資料をもらって、その中から選びました。

ミンギョン　代理母の問題は政治的イシューなので、それに対してアクティビストとしてのボムアラムの立場を表明するようなものを出したかったんです。

——最後に、日本のフェミニストにメッセージをお願いします。

ドゥル　フェミニストとして長生きしてください（笑）。ずっと続けられる形でフェミニズムをやっていくことが大事だと思います。闘いがある時だけ熱くなって、その後力を抜いちゃったり、自分がつらくなったりじゃ持たないので。この問題はみんなでずっと長い間解決していかなきゃいけないし、みんな自分のやり方で、自分のやれることをやって、フェミニズムを続けてほしいと思います。

ウユニゲ　日本のフェミニストたちが韓国のフェミニストに関心を持ってくださり、とてもうれしいです。韓国のフェミニストも日本のフェミニストたちと連帯したいので、連帯する人が隣にいると思ってもらって、一緒に歩んでいけたらうれしいです。

ヘユン　私は、自由を得る上でフェミニズムがとても大事なものだと思います。恐れずに自分らしく生きていくための自由を与えてくれる、と言うべきかな？　日本は特に雰囲気による圧力が強いように思います。自分がより自由になるためにフェミニズムは大きな助けになってくれるし、何か恐れるものが出てきたときに韓国の女性たちとも連帯することができるということをぜひ心に留めていただけるとうれしいです。

ミンギョン　韓国のフェミニズムがここまで大きくなったのは、いろんな理由があると思いますが、女性たちが男性を準拠集団【注2】としてみなさなくなったためだと思います。それが転換点だった。でも私の感覚では、日本ではそれがとても強力なんだと思います。だから日韓女性の連帯も大切ですが、日本国内で、女性が別の女性を重要な参照集団としてみなすことができる、そうした転換が起こり始めれば、この運動の破壊力は自然と大きくなると信じています。

꿈을 그리는 여자들—일러스트 위인전 컬러링북
₩8,100
봄알람 편집부 지음
꿈을 그리는 여자들—일러스트 위인전
₩9,900
봄알람 편집부 지음
유럽 낙태 여행
₩13,500
우유니게 이두루 이민경 정혜윤 지음
페미니즘을 퀴어링!
₩14,400
미미 마리누치 지음
권유경·김은주 옮김
LGBT+ 첫걸음
₩14,400
애슐리 마델 지음
팀 이르다 옮김

생각하는 여자는 괴물과 함께 잠을 잔다
₩10,800
김은주 지음
메갈리아의 반란
₩9,900
유민석 지음

잃어버린 임금을 찾아서
₩10,800
이민경 지음

₩10,800
이민경 지음

우리에게도 계보가 있다: 외롭지 않은 페미니즘
₩12,600
이민경 지음

ボムアラム3年間の出版物

【注1】　名誉男性
家父長制の現状を乱すことなく男性の地位を与えられる女性。いわゆる男性社会にあるとされる男尊女卑の価値観を持った女性。

【注2】　準拠集団
個人が自己の行動や立場を評価する際に、その基準となるようなグループのこと。照準集団、参照集団。

I

ボムアラム
Baume à l'âme

性差別と女性嫌悪に対応するプラットフォームを作ろうとする女性たちが作った出版社。現在は3人で活動している。2016年7月刊行『우리에겐 언어가 필요하다 : 입이 트이는 페미니즘』（私たちには言語が必要である：口を開くフェミニズム）をはじめ、今必要な多様なフェミニズムの本を出版している。
http://baumealame.com

interview

02

ハン・セッピョル

한샛별

〈DSO〈デジタル・性犯罪・アウト〉研究チーム長〉

ネット上での女性嫌悪とデジタル性暴力を公の議論に制度的に扱われる前に自分たちで直接動いたデジタル・ネイティブ世代

文 イ・ミンギョン
訳 尹怡景

2015年以降、女性たちがオンラインでつながり、結集したことで成し遂げられた最大の成果。それは、社会に蔓延する女性嫌悪や暴力の構造、ありようを表沙汰にしたことだろう。その最も直接的な例であり、具体的な結果でもあるのが、オンラインのフェミニストで結成された市民団体、DIGITAL SEXUAL CRIME OUT（略称 DSO＝デジタル・性犯罪・アウト）だ。韓国におけるデジタル性暴力の現状、そしてカウンター行動について、DSOのメンバーに聞いた。

ハン・セッピョル（以下ハン） こんにちは、DSO研究チーム長として活動しているハン・セッピョルです。デジタル性暴力と、それに立ち向かっている女性たちの活動について、科学技術社会論（STS）の観点から分析し、アカデミックな活動とともに、広く一般市民向けの講演をしたりしています。

――DSOはどのように結成されたんでしょう。その具体的な流れは？

ハン DSOの原点は「MERS（中東呼吸器症候群）ギャラリー」、後に「メガリア」と名前を変えた、女性の戦闘的かつ急進的なオンライン・コミュニティです。メガリアは、それまで日常の中で気づかれることのなかった性暴力、性差別の問題について、広く一般の女性に目を開くきっかけとなりました。ＤＳＯも、メガリアの中の「ソラネット・アウト・プロジェクト」というチームとして立ち上がったんです。

――その「ソラネット・アウト・プロジェクト」について、もう少し具体的に教えてください。

ハン　「ソラネット」【訳注】は韓国国内で会員数１００万人を超えるサイトで、メンバーは一般女性に大量に酒を飲ませたり、酒に薬物を混入したりして泥酔させ、集団レイプをしていました。また、路上やトイレで盗撮をしたり、あるいはパートナーには内緒でプライベートな場面を撮影し、それを共有していました。韓国の女性がまったく知らなかったそれらの事実がメガリアの活動によって浮かび上がり、「ソラネット」を閉鎖に追い込むプロジェクトが立ち上がったのです。ネット空間上のさまざまな女性たちがメガリアを中心に集い、活動し、ソラネットを問題化し、最終的には閉鎖させることに成功しました。そのときに思ったのは、被害が甚大な状況でソラネットというサイト一つだけを閉鎖させても問題は解決しない、ということでした。なので今でもＤＳＯは、メガリアから派生した活動団体のうち、唯一ＮＧＯ登録したグループとして活動しています。

――ソラネット・アウト・プロジェクトからＤＳＯが生まれた背景にはもちろんフェミニズムの拡大もあったと思いますが、以前から韓国国内にデジタル性暴力が蔓延していたという独特の文脈もあるのではないかと。韓国の状況をどう見ていますか。

ハン　韓国はＩＴ強国と言われるほどデジタル・リテラシーの高い国です。ですが、人権や市民倫理に対する教育はさほど行われておらず、女性嫌悪が根強く残

る国でもありました。ＩＴの普及とデジタル・リテラシーの向上には、女性嫌悪が大きな役割を果たしているのです。違法にアップされた動画を見たい男性がパソコンを設置してネットを見る方法を学んだわけです。そういう状況は今も継続していて、韓国は世界でもデジタル性暴力が最も深刻な国の一つとされています。韓国に住む女性は駅、空港、デパートといった日常生活の、行かざるをえない場所に出入りするたび、トイレや更衣室に隠しカメラ《モルレ》（盗撮や性犯罪を目的とした超小型特殊カメラ）があるのではないかと心配しなければならないんです。カメラは至るところに設置されている。ラブホテルに行ってセックスをするたび、シャワー中の姿や性行為を撮られるのではないかと不安を感じます。加えて、そういった行為が犯罪であるという意識が低く、非常に多くの男性がその犯罪に加担しています。女性は自分が被害に遭ったのかどうかさえわからないなか、自分が被害に遭っている映像を見たかもしれない男性と、日常を過ごしているということになります。

――ハンさん個人は、どんなふうにしてこの活動に関わることになったのか。その経緯を聞かせてください。

ハン　以前からこの問題を公にするために力をつくしては来ましたが、公式な活動は２０１７年９月からです。私もやはりデジタル性暴力が蔓延する社会のなかでは広義の被害者なんです。修士課程に在学中、こういう時代を生きる女性として、メガリア世代を経験したフェミニストとして、最も深く、そしてやりがいのある研究テーマはデジタル性暴力だろうと考えて団体に関わり、活動のなかで問題を直視しながら研究していくことを決心しました。

――ハンさんを含め、DSOのメンバーは10人あまり。それぞれの背景、共通点は？

ハン　メンバーは背景、年齢、学歴、専攻、出身地域、本当にさまざまです。共通点があるとすれば、メガリアに大きな影響を受け、メガリアを通じて、より力強い運動が必要だと実感していたことですね。全員がデジタル性暴力を自分に関わる問題だと受け止めていたし、自分たちの手でしか解決できないという感じを共有していました。上の世代のフェミニストや既存の政策立案者、犯罪の研究者はデジタル・ネイティブではありませんので、そういう犯罪がどう起こり、いかに進化していくかを私たちほどは知りません。10代、20代のような若い世代は、ネット上での女性嫌悪文化がどれほど大規模に広まっているかよく知っていましたし、そうした問題が制度的に扱われ警察が動くようになるまでにはかなりの時間がかかりそうでもあったので、だったら自分たちで直接動こうよと。

――当事者という意識だけで動き、運動に身を投じたと。当然、多くの困難があったのでは?

ハン　団体の代表さえ、運動を始めた当初は高校生でしたしね。私たちの中には制度の枠の中での政治経験があるという人も、女性学を専攻したという人もいません。もちろんお金もありませんでしたから、はじめは代表がバイトで稼いだお金を資金にしていました。こういう団体を運営した経験もなかったので募金を集める方法がわからなくて、募金の宛先の口座番号を載せずにパンフレットを作って配布してしまったこともあります。パンフレットに口座番号を記載する、ということまで頭が回らなかったんですね。それまでのソラネット・アウト・プロジェクトは自宅でパソコンを使って進めるやり方でしたから、負けん気とユーモアさえあればよかった。でも実務は別の次元の話でした。モニタリングという作業で女性がレイプされるシーンをずっとチェックするんですが、キリがありませんでした。当初はデジタル性犯罪をうまく社会問題化できず、そういう動画を削除させるという過程で、アップしたり拡散する加害者側の汚いところをさんざん見せつけられもしました。そういうプロセスでのメンバーの精神的な消耗はものすごかったです。ここ数年は公的機関でのデジタル性犯罪に対する制度づくりが進み、私たちがこれまでしていた作業をそちらへ移管することができましたので、だいぶ負担が減りましたが。

――女性たちにゼロから運動を始めさせた原動力とは、何だったんでしょう。

ハン　デジタル・リテラシーが高い世代だったこと。

メガリアを通じて、女性が覚醒する姿をまざまざと見せつけられていた時期だったこともあります。韓国にいれば誰でもメガリアという言葉を知っていたし、カフェに集まればフェミニズムの話をし、その後の江南駅殺人事件で、女性だという理由で本当に命を落とし、被害に遭うことをはっきりと目にしました。心の中でだけ思っていたことが目の前のものになったとき、私たちには全く違う方法で世の中を見ることができた。そういう変化を作ったのが自分たちだということもわかっていた。「私たちに何ができるだろう?」と思っていたけど、私たちは当事者だし、全貌を知っているんだから、私たちが活動を続けるべきだと考えたんです。

——DSOの最も誇れる成果とは?

ハン　ソラネットを閉鎖させて、デジタル性暴力を公の議論にしたことですね。最高の成果であり、誇りです。もうひとつ自負しているのは、MERSギャラリーから始まったプロジェクトの中で唯一生き残り、公的な領域にも進出した点ですね。役所を相手にできないまま運動が終わってしまうかもしれなかったのが、今こうして公式のチャンネルとして声をあげられていることは自慢であり、意味があることだと思っています。

——2015年の爆発的な叫びから始まって、着実に活動を続けているDSO。今後の抱負を聞かせて下さい。

ハン　全世界で最もデジタル性暴力の問題がホットな国が韓国なんです。ここでいう「ホット」とは、デジタル性暴力が深刻な一方、それに対抗する動きも大きい国という意味です。MERSギャラリーからソラネット・アウト・プロジェクト、そして「不便な勇気集会」まで、多くの女性たちが参加したこともそう。当事者の女性たちがカウンター行動を続けています。この問題では韓国が最先端を走っているため、デジタル性暴力への対抗の仕方で他国の事例に学ぶことはあまりない。だから、私たちはよその国が参考にできるガイドブックを作りたいと思っています。もちろん、韓国でも今始まったばかりではありません。やるべきことが山積みです。韓国国内で制度的、法的にきちんと処罰しうるシステムが整うまで活動を続けることが、私たちの目標であり今後の計画です。

――最後に、日本の女性たちにメッセージをお願いします。

ハン　フェミニストとして見たとき、日本は韓国同様、女性の安全やプライバシー、人格が十分に尊重されない国だと思います。日本の中でそうした問題への意識を持つ方は絶望感に苛まれているかも知れません。ですが、韓国でも変化が起きたのは一瞬だったということを知っていただきたいと思います。あなたは決して一人ではない。多くの女性たちが同じことを心のなかで感じながら、それを表に出す導火線を必要としているだけなのです。だから、あきらめないでください。心にある火種を大切にし、風が吹いたとき野火のように燃え広がらせましょう。

【訳注】
韓国にインターネットが普及し始めた１９９９年に始まったアダルトサイト。時間の経過につれ性犯罪の温床になった。当初は若干の成人向け小説やアダルトサイトの情報ぐらいのコンテンツだったが２００３年リニューアルを経て会員制サイトへ転換してから児童ポルノやリベンジポルノ、隠しカメラ、輪姦、援助交際、レイプなどを図る性犯罪サイトとして発展した。江南駅殺人事件以降、ソラネットへの批判がより一層強くなり、警察の捜査で２０１６年６月６日サイトが完全に閉鎖された。警察の発表による推定会員数は１００万人に上る（メールアドレスでＩＤ登録した人数）。

ハン・セッピョル

DSO研究チーム長。科学技術社会学（STS, social studies of science and technology）分野でデジタル性暴力を研究する女性活動家。

DSO

2015年10月28日、韓国最大のデジタル性暴力サイト「ソラネット」閉鎖運動のための「ソラネット・アウト・プロジェクト」からスタート、デジタル性暴力の問題点を告発し、公論化するために設立された団体。2015年、市民が共に行った「ソラネット閉鎖運動」により、インターネット上に同意なく流出し「ポルノ（リベンジポルノ）」として利用される撮影物を性犯罪、もしくは性搾取と定義づけることからスタートした。性の平等という価値観のもと、「インターネットならびに大衆メディア」での誤った性文化を正し、望ましい性文化を形成して、性の平等に寄与することを目的として設立された。立法活動、カードニュースの制作、講演、デジタル犯罪に関する記事の寄稿が主な活動。（DSOウェブサイトより）　http://www.dsoonline.org

column 01

江南駅付近女性殺人事件

2016年5月17日午前1時すぎ。ソウル有数の繁華街である江南《カンナム》駅から徒歩約10分の場所で、20代の女性が面識のない男に左胸など複数個所を刺され死亡する事件が発生した。犯行現場は飲食店やカラオケ店などが入居するビル2階の男女共用トイレ。1階の店で食事をしていた女性がトイレに行くため席を立ってから約20分。なかなか戻ってこないため知人男性が見に行ったところ、トイレ内で血を流して倒れている女性を発見した。当時、事件を伝えるテレビニュースでは、発見直後に崩れるようにその場にしゃがみこみ嗚咽する知人男性の様子をとらえた監視カメラの映像が何度も流れ、韓国社会に大きな悲しみと衝撃が広がった。

ソウル瑞草《ソチョ》警察署は事件発生から約9時間後、逃走中だったキム・ソンミン容疑者（当時34歳）を江南駅近くで検挙。キム容疑者は犯行時と同じ服装をしており、ズボンのポケットには犯行に使われたとみられる包丁を所持していた。キム容疑者は「（包丁は）働いていた店の厨房から持ち出した。トイレに入っていった被害者の後を追いかけ刺した」と供述。監視カメラにはキム容疑者が犯行の1時間以上前から現場のトイレ付近に居座る姿が記録されていた。その間何人もの男性がトイレを利用したが、標的となったのは最初に現れた女性だった。

「女性たちが自分を無視するからやった。（被害女性と）面識はない」。キム容疑者が語った犯行動機は韓国社会に物議を醸し、多くのメディアが女性嫌悪による無差別殺人事件として一斉に報道した。世論が一気に過熱した背景には、事件の数年前から韓国社会で顕著になり始めていた男女間の対立があった。ネット上には「テンジャン（味噌）女」や「キムチ女」という韓国人女性を侮辱する言葉が蔓延し、女性に対する嫌悪感情を助長していた。また女性が狙われる重大な犯罪や性暴力犯罪の発生件数も年を追うにつれ増加していた。そんななか起こった事件だっただけに、韓国女性たちの間では「女性という理由だけで殺されるかもしれない」「自分は運よく生き残った」という共通認識が高まり、強い連帯行動へとつながっていった。

事件当日の17日午前からSNS上では被害女性を追悼する動きが急速に広まり、ツイッターでは事件を機に表面化した女性嫌悪の問題を指摘するアカウント「江南駅殺人事件公論化」（@0517am1）が登場した。翌18日には同アカウントで事件現場に近い江南駅10番出口に菊の花一輪とメモ一枚を寄せる運動が提案され、多くの人がこれに賛同。10番出口の壁面には無数のポストイットが貼られ、献花に訪れる人々が後を絶たなかった。追悼運動は瞬く間に韓国の全国各地に拡散し、女性嫌悪に対する反対運動や性差別の解消に向けた議論を求める声もまた堰を切ったように噴出した。

一方、警察は事件後の調べで容疑者が20年近く統合失調症を患っており、過去に数度の入院経験があった事実を確認。また主治医から再発予防のため薬の服用を指示されていたにもかかわらず従わなかったため、他人に対する被害妄想が悪化した状態で犯行に及んでおり、女性嫌悪による殺人としてのみ結論づけるのは困難との立場を示した。

「精神疾患による通り魔殺人」か「女性嫌悪殺人」か。世論は割れ、一部の男性たちは「精神疾患者の犯行を一般化し、全ての男性を潜在的な犯罪者とみなしている」と憤慨した。事件から3日後の5月20日には女性嫌悪が深刻な掲示板サイト「日刊ベスト貯蔵所」の男性ユーザーが江南駅10番出口に現れ、同様の主張を繰り広げたりプラカードを掲げたりする行為に出た。21、22日には追悼集会に参加する女性たちとそれを妨害する男性たちの間で激しい衝突が起こり、江南駅周辺は一時期、警察官数十名が出動する事態となった。

裁判では統合失調症による心神喪失が認められるか否かが争点として注目された。2016年9月に行われた初公判で検察側はキム容疑者に無期懲役を求刑。同年10月、ソウル中央地方法院は「統合失調症の影響による心神耗弱状態で犯行に至ったという事実を否認することは困難」とし懲役30年、20年の治療監護と位置追跡が可能な電子足輪の装着を命じた。2017年1月、ソウル高等法院で行われた第二審では検察側・被告側の控訴を共に棄却、原審どおり懲役30年が言い渡された。そして2017年4月13日、大法院（日本の最高裁判所に相当）での上告審でも原審の判決が維持され、懲役30年が確定した。

「江南駅付近女性殺人事件」は、女性として生きる不安や恐怖、日常での性差別を韓国女性自身が自分ごととして認識し声を上げるきっかけとなり、社会もまた女性を巡る問題に目を向け始めた。事件を受け、ソウル市を始めとする自治体では公衆トイレの非常ベル設置や男女共用トイレを男女別に分離する取り組みが進められ、警察庁は深夜に帰宅中の女性たちが犯罪に遭いやすい場所2800カ所以上を「女性安心帰り道」に指定し防犯を強化した。

韓国では2019年12月25日から「女性暴力防止基本法」が施行される。これは女性に対する嫌悪犯罪を防止することを目的とした法律で、江南駅殺人事件もその成立に大きな影響を与えた。同法は、家庭内暴力・性暴力・性売買・セクハラ・親密な関係による暴力・情報通信網を利用した暴力などを「女性暴力」として規定、その被害者の保護とサポートに関する国と地方自治体の責任を強化している。しかし、特に若い男性を中心に「逆差別だ」と批判が上がっているほか、専門家らも「事後対策より未然の防止が大事」と実効性の問題を指摘している。

（木下美絵）

【参考】

30代男性、江南中心部で〝女性嫌悪殺人〟…女性という理由で犯罪の標的（女性新聞、イ・ハナ、2016.5.18）
http://www.womennews.co.kr/news/articleView.html?idxno=94037

「江南駅トイレ殺人、女性嫌悪が動機ではない」警察、「統合失調症による犯行」という立場（NEWSIS、2016.5.19）
http://www.newsis.com/ar_detail/view.html/?ar_id=NISX20160519_0014094171&cID=10201&pID=10200

23歳女性の私も殺すんですか？　21日午後5時の江南駅10番出口周辺は熱かった（OhmyNews、チョ・ヘジ、2016.5.22）
http://www.ohmynews.com/NWS_Web/View/at_pg_w.aspx?CNTN_CD=A0002211451

大法、江南「無差別」殺人犯 懲役30年確定…『犯行重大』（聯合ニュース、2017.4.13）
https://www.yna.co.kr/view/AKR20170413065700004?input=1195m

「江南駅殺人３周忌」依然として恐怖…『私が遭っていたかもしれない』（聯合ニュース、2019.5.16）
https://www.yna.co.kr/view/AKR20190515173500004?input=1195m

[江南駅殺人３周忌]『変わったものない…依然として女性が無視され脅威にさらされる社会』（天地日報、イ・スジョン、2019.5.17）
http://www.newscj.com/news/articleView.html?idxno=632499

性平等アーカイブ「江南駅付近女性殺害事件」
http://www.genderarchive.or.kr/exhibits/show/postit/ex2-p2

『私たちにはことばが必要だ フェミニストは黙らない』（イ・ミンギョン著、すんみ・小山内園子訳、タバブックス、２０１８年）

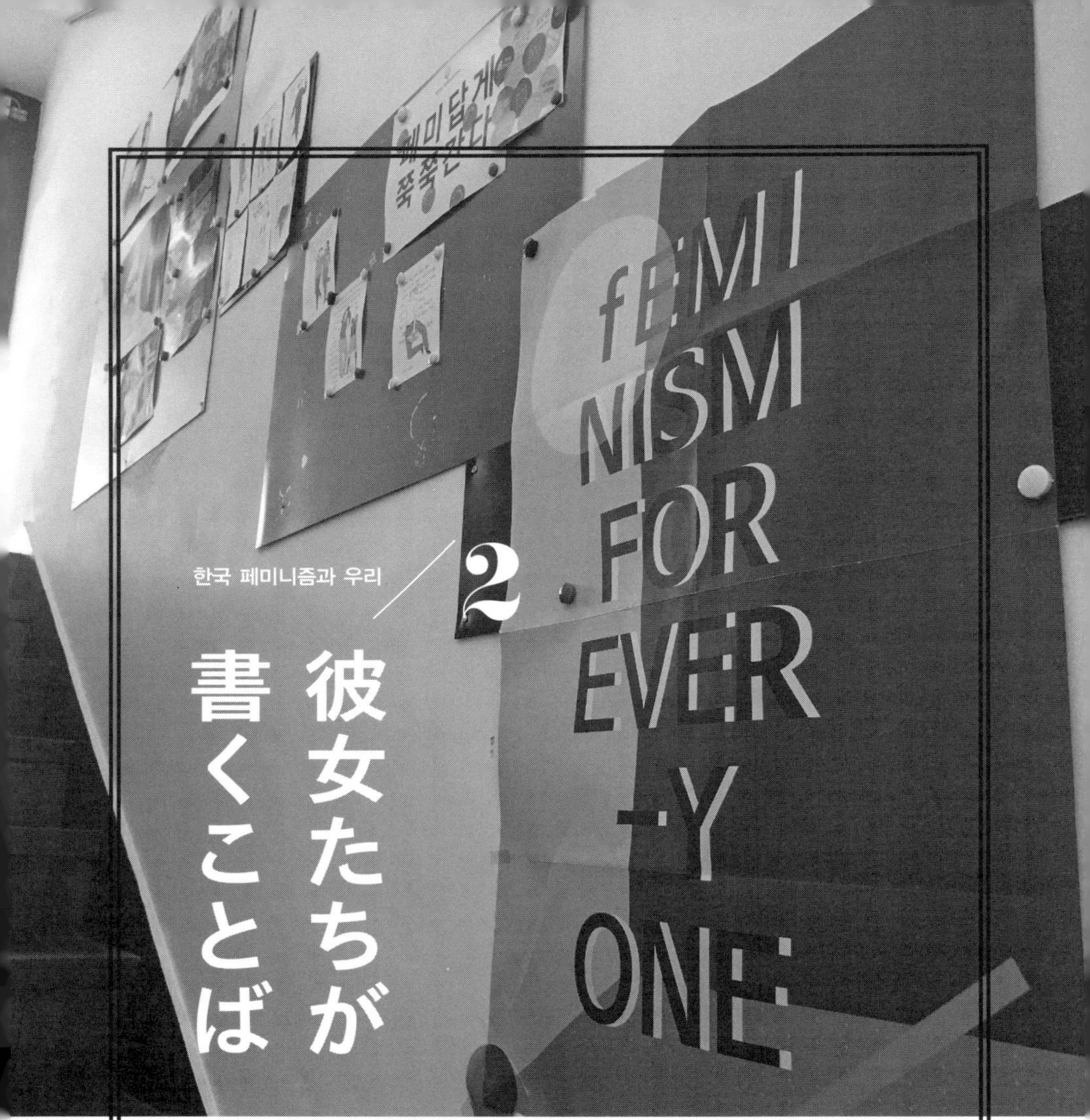

한국 페미니즘과 우리

2

彼女たちが書くことば

페미니즘 리부트 이후의 한국문학

Korean literature after feminism reboot

essay

03

私たちが石膏人形に生まれたとしても

우리가 석고 인형으로 태어났더라도

チョン・セラン
정세랑
〈訳〉すんみ

もう女の子ではないけれど、女の子として生まれ育ちながら経験したことだけは、私のなかで何度も何度もリプレイされている。女の子は、白くてもろい石膏人形に生まれて世界と直面する。つまり、女の子は時々刻々自分を傷つけようとして壊そうとする外部の環境に、対抗しなければいけないのだ。ボロボロになりすぎて、いつまでも自分を全うできない気がするときもあるはずだ。しかし、私たちは石膏人形の状態を抜け出し、次へと向かわなければならない。そんな道のりが私たちに必要だなんて、となんでもなく悲しくて耐えがたい思いがしてくる。それでも私たちは、残酷で醜悪な世界に断固として立ち向かわなければならない。女の子が女の子を救い、女が女を救い出すのだ。私たちを救い出せるのは、他の誰でもなく、私たちだけなのだ。私はこのエッセイで、自分がどのようにして鎧を身に着けることになったのか、そのプライベートな経験を打ち明けてみようと思う。

かすかな記憶しか残っていない年頃に、よく耳にしていた言葉がある。「なんで男の子じゃなかったんだろう」。八〇年代の半ばに生まれた人間にとっては、誰にでもよくある経験だろうと思う。その言葉の後にもっと生々しい言葉が続くこともあった。「おちんちんはお母さんのおなかの中に忘れてきたか?」。長男である父、またその長女だった私の存在を、祖父と祖母は残念な孫、かわいいけれど物足りない孫として規定していた。彼らだって、あの時代に誰もが口にする言葉をそのまま鵜呑みして言っていただけだろうけれど、そのありふれた言葉こそ、子どもを傷つける力がひそんでいる。十年あまりして弟が生まれてようやくそういう言葉から解放されることができた。ここ数年間で祖父と祖母が二人とも亡くなったが、そんなにたくさんの涙は流せなかった。差別が私たちのあいだに横たわっている限り、彼らを愛することは不可能だった。そしてその不可能性に後ろめたさを抱く必要はない、ということになんとか気付くことができたのだが、この気付きが、鎧を構成する一枚目の頑丈なパーツとなった。

一方、韓国で「外祖父」と言われる母方の祖父は一度も男女を差別する言葉を口にしたことがない。もし母方の親戚までが似たような雰囲気だったとしたら、私の幼年時代はもっと大変だったんだろうと思う。自然と私は、母方の祖父により愛情を感じ、親しみを覚えるようになった。そんな祖父のことを、どうして「外祖父」と呼ばなければいけないのだろう。いまでも理解に苦しいところだ。だから心のなかでは父系祖父母、母系祖父母と呼ぶようにしている。いつかもっと口になじむような呼び方を見つけられたら、と思う。

教育者だった母方の祖父は、私が小説家になりたいとはつゆほども思っていなかったときからすでに、いつか小説家になることを知っていた。どうしてかはわからない。ヘンリック・イプセンと芥川龍之介を読むように勧めてくれた祖父は、いわば文学における私の原点なのだ。そんな祖父が亡くなってから三年ものあいだ、私は一リットルの涙を流した。愛の大きさは、流した涙の量で計ることができる。祖父のおかげで私はモダンに、果てしなくモダンな方向に偏った人間になった。伝統的な価値ではなく現代的な価値を志向したっていいと考えている。その偏愛への揺るぎのない確信が、二枚目の頑丈なパーツとなった。

両親は完璧で一貫性を持つフェミニストではなかったが、大きい括りではフェミニストだったし、そのことは私にポジティブな影響を与えた。何にでもなれると励まされ、教育への手厚いサポートを受けられたことは、やはり大きな幸運だったと言わなければならない。母は「男の子を十人連れてきたってあんたとは代えられないよ」とよく言っていた。父は私を女性CEOに育てようとした。そんな両親のアグレッシブさは、自分が大人になったいまでも、ロケットの燃料のように背中を押してくれている。しかし、世の中は汚くて、凶悪で、親の愛情とサポートだけでは、十分な防御態勢を備えることができない。初めてセクハラ被害に遭ったのは、十歳のときだった。親戚たちと渓谷か湖かに遊びに行ったときのことで、親戚の一人が、成長とともに膨らんできた私の胸を指で強くつまんできた。二十年が経ったいまでもどうしてそんなことをしたのか理解できないし、怒りがこみあげてくる。何かのおまじないのように、私は度々こんな言葉を繰り返している。

「あなたの葬式なんて絶対に行かない。あなたが死んでも涙なんか流さない」

やはり年齢的に考えて、先に死ぬのはその人のほうである可能性が高い。女の子の頭のなかでは、虐待者の葬式がこっそり行われることがある。想像を現実のものにするには、私たちは自分に被害を与えた人間より、長く生き残らなければならない。爆発しそうになって、自分自身をおろそかにしたくなったときには、交通事故に気を付けて、ケールジュースを飲むようにしよう。長く生き残って自分の経験した暴力について語ること、それより立派な復讐はないはずだ。

十二歳のときにはセクハラの担任に、十四歳のときにはセクハラの体育教師に遭遇した。担任は、小六だったクラスの子たちを個人面談すると呼び出し、肩と膝に手を触れた。体育教師は女子学生の耳たぶをしょっちゅう触っていた。あまりにつらすぎたので、学校であったことをすべて忘れることにした。

いまでは彼らの名前すら思い出せない。覚えておくべきだったのに。いまも学校で、そんなことが起こり続けているのだろうか。教師一人の問題ではない。校門で髪を切られ、スカートを破られ、下着をチェックされていたことが、そもそも恐怖に近かった。二〇一一年に学生人権条例が制定された際には、これでいい世の中になるだろうと喜んでいた。しかし、いまだに現場からは、人権侵害が深刻だなんていう声が聞こえてくる。変化の遅さには胸が詰まるようだ。学校は変わらなければならない。学校に立ち向かおうとしているか、学校なんかこちらから願い下げだと言って自分の選んだ道を進もうとしている青少年たちに何度か会う機会があった。その勇気に拍手を送りたい。彼らのおかげで、大人として自分が何をもっとやればいいのかを悩むようになった。私はいまでも学校が出てくる悪い夢を見る。人間を人間らしく扱ってくれる教育環境が整備され、誰も悪夢なんか見ない日が訪れることを切に願っている。

同じクラスの男の子たちからもらった傷は、先生からの傷よりも大きかった。中学一年のときに、私はクラスの委員長をしていた。研修旅行で山に行ったときの仕事は、列の最後尾で離脱者が出ないようにすること。列の後ろに並んでいたのは、クラスでいちばん背の大きい男の子たちで、彼らは済州島の暗い森のなかで私を脅し続けた。列の先頭とは距離が開いてしまったので、誰にも助けを求めることはできなかった。

「おまえ、マジで女?　いまここで確認してみようよ」

「おまえとやりてーな。やってやろーか」

口先だけの脅かしではあったが、同級生からそんなことを言われてよりショックが大きかった。平気そうな顔をして「うるさい」と突っぱねたけれど、胃がむかむかしていた。そのなかの一人と、一昨年ぐらいにバスで鉢合わせたことがある。その子は目も合わせたくないぐらい険悪な感じで、周りの人たちが避けたがるような大人に成長していた。私に気付いたのか、彼はぎこちない笑いを浮かべていた。私は彼から目をそらすようにしてバスを降りた。私が負けたのだろうか。胸が高鳴り、身体が震えてきた。しかし、負けたのは自分ではないはずだ。彼はいまでも私を脅かすことも、害することもできるけれど、よりいい共同体のために貢献できるのは、彼ではない私のほうだろうから。私たちの精神は、決して彼にはたどり着きようのないところまで進んでいくはずだ。私が書いている微々たる文章は、女の子がこれ以上の暴力を経験しない世界をつくるための小さな道標となるはずだ。それは意味のないことなんかじゃない。いま書いているこの文章もまた、小さな道標をつくるためである。この営みに意味があるということを知ることで、私はもう少し強くなれる。

大人になったらマシになったと言いたいところだが、じつはそうでもない。大学生活では、自分が引き裂かれるような経験が続いた。その頃にできた亀裂で、人生が粉々にならならずに済んだのが幸いなぐらいである。フェミニズムサークルに入ってフェミニズムを学んでいたのに、デートDVとガスライティング【原注：相手の心理と状況を操作し、判断力を低下させ、自分の支配力を強化する行為】とストーカー被害に苦しんだ。当時はそれらの暴力に的確な名前を与えることができず、名前のないものと闘うのは非常に難しかった。彼氏に物を投げられ、首を絞められ、周りとの関係を絶たされた。小説を世に出す前に死んでしまうところだった。そんな暴力的な関係から抜け出し回復するには、長い時間が必要だった。タイムマシンがあれば、あの頃に戻って、いまなら知っている暴力の名前を自分に教えてあげたい。的確な言葉が、私たちを救う。言葉が私たちの鎧になるはずだ。誰もそれを破ることはできない。

　就活中に面接を受けるため広告会社を回っていたときもまた絶望的だった。就職難と言ってもまださほど厳しくはないときだったのだが、それでもかろうじて書類審査に通って面接を受けに行ってみると、合格者の十人中八人が男性だった。私ともう一人の女性は、いわばおまけのような存在。いいかえると、数合わせのために選ばれたようなものだった。三十社ぐらいで面接を受けたのだけれど、結局就職はできなかった。科首席卒業だったのに、いくつものコンペで入賞したのに、四社でのインターン経験があって英語の点数もよかったのに、それでも自分の性別を克服することができなかった。だらだらと大学に通い、成績の悪かった男性の先輩たちが大手企業や銀行などで三、四〇〇万ウォン【訳注：三、四十万円に相当】ぐらいの給料をもらっているとき、私は一五〇万ウォンしかもらえない出版社で社会人経験をスタートさせた。結果的には自分にぴったりな分野を見つけることができたわけだけれど、いまでもあの頃に経験した不当さには腹が立っている。しかし、不公平な世界をそのまま直視できてこそ、次のステップを踏むことができる。労働において、性平等がさまざまな問題を解決できる鍵《キー》であることに、私はようやく気付くことができたのだ。同一な機会と同一な賃金を社会が保証さえすれば、そこからどれだけ多い効果が生まれるかを想像してみる。

二〇〇七年の文学出版界は、新社会人にたいへん厳しいところだった。編集者としての仕事は楽しかったけれど、飲み会の席で「女」扱いをされた経験は、不快な、あまりに不快なものだった。接待するためにあんなに頑張って勉強したんじゃない。作家は編集者をぞんざいに扱い、夜中に電話をかけてよこすことも、ひどいと身体を触ってくることもあった。なかでも最悪だったことは、某ベテラン作家の門下生と一緒にいる席で起きた。テレビ番組のプロデューサーという男が、私の身体を触って、お札を広げて見せながらこう言ったのだ。

「君さ、俺と、俺のロシア人の彼女と三人で一回どう?」

その数年後に書いた小説のなかで彼をいかにもくだらなく描いて復讐したけれど、彼は当時のことを何一つ覚えてもいないはずだと信じている。加害者はいつも記憶を忘れるから。だってそんなの、彼らには日常茶飯事なんだから。文学出版界における性暴力問題が告発された二〇一六年、私は証言者と一緒に肩を並べた。それしか選択肢はなかった。私たちはみんなが誰かの目撃者だったから。口を塞ごうとする人間は、いまでも大勢いる。だけど、私たちは声を上げることをやめないつもりだ。声を上げることで、恐ろしかったあの日々が繰り返されることを封じ込めようと思う。法律が女性の味方ではなく、彼らに過去の過ちを償ってもらうことがいますぐには難しいとしても、次の世代が私たちと同じような経験をしなくても済むような社会、そんな社会をつくることはできるはずだと、私は信じている。

あなたが次の世代だ。この本を読んでいるあなたが。これはあなたに贈る私の手紙。私もあなたも、石膏人形に生まれた。私たちを傷つけようとする世界に、みずからを守る術もなく投げ出されてしまった。暴力が私たちの人格を彫刻した。あなたが人権について考えるようになったのは、多かれ少なかれ暴力を経験したからかもしれない。暴力は私たちを破壊することも、私たちの人格をさらに精巧なものにすることもできる。暴力を手にした彼らより、私たちのほうが精巧にできている。私たちのほうが未来に近い。私たちのほうが正しい。

自信をもって言えるもう一つのことは、石膏人形はいつまでも石膏人形ではないということ。いつ、と断言はできないけれど、石膏人形が金属鋳型になるときは必ずやって来る。青銅であれ、黄銅であれ、鉄であれ、より頑丈な金属に変身できるときが必ずやって来る。世の中としっかりと向き合い、よりよい世界を求められる人間は、もう弱くなんてない。苦労して手にした発言権を、みんなのために使おうと決めた人間が弱いはずなんかないのだ。いまのフェミニストは輝かしい鎧を身に着け、前へと進んでいる。私は歴史専攻のSF作家である。職業柄、長い単位の時間を扱っている人間として断言しよう。私たちは勝利するはずだ。

遠い未来にある勝利を待ちながら、まだ耐えるべきことはたくさんある。何よりつらいのは、女性を狙った犯罪がいますぐに減るわけではないということ。女性は三日に一人というペースで殺されている【訳注】。一人の女性が殺されるたび、私のなかのどこかが一緒に死んでいく。五年ほど考え抜いた結果、女性が殺され続けるこの共同体がおぞましくて、子どもは産まないことにした。共同体がよりいいものになるか、私がより強くなるか、そのどちらかがクリアできなければ、子どもはとうてい産めそうにない。いまのままでは、他人をこの世で暮らしてみようと招待することができない。悪いニュースが聞こえるたびに心のバランスを崩していては誰かの保護者になんてなれないはずだと、極めて個人的な判断を下したのである。私の考え方、私の置かれた環境、私の健康を考慮し、自分自身でしかできない決定を下した。その後に起きたことを想像できるだろうか。ふたたび攻撃が始まった。周りから本物の女性ではないと言われ、子どもを産まなければやっていることのすべてが無意味に思えるだろうと即断され、母性愛を経験しなければ世界の真理を理解することは不可能だと叫ばれる。ため息が出た。結婚と結婚にまつわるさまざまなテーマに関してはまだ頭のなかを整理する時間が必要だが、いつか長いながいものが書ける気がする。

とにかく、いまの私はそのすべての圧力が偽りであったことを知っている。一人の女性の身体と心は、もっぱらその人のものであることを、女性はさまざまな形で幸せになれることを信じている。これが私の信仰であり、宗教なのだ。あなたも私と同じことを信じているなら、いつか私たちは会えるはずだ。私たちが自分で身に着けた精巧な言葉が、チェーンのようにつながっていくはずだ。それぞれの壊れたパーツが、ひびの入ったパーツが、黄金色のパーツで修繕されているのを見て笑うだろう。苦難を乗り越え、やがて鎧を身に着けた女性たちが行進するとき、その行列のなかで私たちは会えるはずだ。

私たちは一緒に、白くてもろい状態からは永遠にお別れを言うはずだ。

【訳注】
韓国警察庁発表の資料によると、二〇一〇年から二〇一五年八月までに発生したデートDVによる女性死亡者数は全六四五件で、三日に一人女性が命を奪われている。

チョン・セラン
小説家。『アンダー・サンダー・テンダー』(吉川凪訳、クオン)、『フィフティ・ピープル』(斎藤真理子訳、亜紀書房)、『保健教師、アン・ウニョン』など六冊の長編小説がある。

essay

04

女友達にコクられた

여자 친구에게 고백을 받았다

イ・ラン
이랑
〈訳〉小山内園子

小学四年の頃、母に連れられて城南《ソンナム》ニューコア百貨店に服を買いに行った。その日私が選んだのはベージュのパンツスーツだった。すっかり心を奪われ、他のどの服も目に入らなくなった。デパートの店員さんは、それは「男子用」だからと、服をつかんで離さない私に説得をこころみたが、「男子用」かなんてことはこれっぽっちも重要じゃなかった。結局私のこだわりを曲げられず、母と店員さんはその服をショッピングバッグに入れてくれた。さっそく翌日、その服を着て学校に行って、案の定私の服はみんなの注目の的になった（ってか、なったはず！）。先生や友達は「それって男の子用じゃないの?」とかいろいろ言ったけれど、そんなことはこれっぽっちも重要じゃなく、その日、学校でいちばんクールなファッションでキメていたのが私だっただけのことだった。

何日かして、別のクラスの男子がまったく同じパンツスーツで学校にやってきた。おかげで私の服が正真正銘「男子用」だったことが証明され、恥ずかしくて穴があったら入りたい気分だった。当時の私は、自分がどう考えていようが学校では「女子」にカテゴライズされていたから。

それからは、二度とあのスーツを着なかった。

私は自分の「女性性」をものすごく小さな頃から否定していた。妊娠したとき「息子」だって確信があったから産んだのよ、とずっと母に言われつづけていたこともあったし、小さい子の目で見ても、いろんなところで主導的な役割を果たしているのは男性だったから。子供時代に母と一緒にでかけた宗教の集まりでは、壇上でマイクを握るのはいつも男性、さまざまなイベントを企画して司会を任されるのも男性だった。だから私も、年上の男子のあとを追いかけ、主導的なグループに入ろうとがんばった。年上のおねーちゃんたちが顔を寄せ合ってコソコソ言っててもあえて知らんフリして、おにーちゃんたちのそばで精いっぱいふんばった。

家のどういう事情でかは知らないけれど、私も実の姉も、常に集団のなかの目立つ存在でいなければならないと意識していた。それが勉強でも遊びでもかまわない。二歳年上の姉は勉強面で常に全校一位か二位をキープし、班長や会長をやり、私はといえば毎年クラスの宴会部長だった。昔から会長や部長といえば威風堂々と相場が決まってる。だから、いつも大声でおしゃべりし、ゲラゲラ笑い、デカい声で悪い言葉をいっぱい使った。四年のときのあのスーツはもう着られなかったが、あいかわらず「男子みたい」な格好をして男子とよく遊び、そういうのが自分の長所だと思っていた。

そんな、威風堂々宴会部長としてなんの悩みもなく学園生活を過ごしていた五年生のある夏の日。私は初めてクラスメイトの男子から顔を蹴られた。顎がひん曲がるほど激しい蹴りを入れられて、口からは血と唾の混ざったものがだらだら流れた。その子は私の顔を蹴った理由を「調子こいててムカついたから」と言った。口が血でいっぱいのまともに喋れない状態で泣きながら悔しさを訴えたが、先生は私を前に、ひたすら事態をまるく収めようとした。加害者の子は翌日、「インディアンめし」【訳注：子供に人気の軽くてほんのり甘いシリアル風のお菓子】一袋を謝罪の品として私の机の上に置いていた。

あの頃を思い返すと、私はいつも「男子みたい」にふるまうことに一生懸命で、にもかかわらず毎年男子からは、「結婚して」というまったく突拍子もない告白の手紙を受け取っていた。周りで始まっていた幼い恋はいつも「男子♡女子」という構図だったし、女子はボーイズグループが、男子はガールズグループが好きだった。ガールズグループ好きな女子やＢＬマンガを読む女子もたまにいることはいたけど、そんなに目立つ存在ではなかった。

キャップにショートパンツで暴れていた小学校生活に別れを告げ、入学した女子中学で人気があったのは中性的な子だった。スカートの制服姿も似合うがジャージだともっとカッコいいという子がクラスの一番人気で、ショートカットで長身のバスケ部員に順番に一回ずつ抱きしめてもらうのがクラスで流行っていた。トップスをめくり上げお互いの胸がどのくらい大きくなったか比べっこしたり、数人で一人をつかまえて押し倒し、スカートとストッキングを脱がせる遊びもしていた。運動場ではバスケもドッジボールも杭打ちごっこ【訳注：馬跳びと騎馬戦を組み合わせたような激しい遊び。男子がすることが多い】もゴム跳びもぜんぶやった。当時一番仲のよかった友達のジョンアとは、朝挨拶がわりにくちびるのキスをして、それからお互いを「やっばーい、ヘンタイ女〜」と罵りあって喜んでいた。だけど、私たちのなかに「レズビアン」とか「同性愛」という言葉を知っている子はいなかった。

考えてみるといつもやばい交流が行われていた感じの城南女子中での生活は、家が山本新都市《サンポン》に引っ越しし、共学の中学に転校したことでおしまいになった。小学校とあんまり変わらない男女共学の中学校生活は「女子中へんてこライフ」を一年で中断した私のレベルと合わなかったが、それでもハイスピードで適応し、「たたいて逃げてく男子を取っ捕まえる」遊びを休み時間のたびに繰り返していた。

まったくレベルが上がらないまま中学生活を終え、私は（二週間でやめたけど）安養《アンヤン》女子高に進んだ。その短い女子高生ライフで、初めて「レズ」という言葉を知った。同じクラスに他校の女子と交際している「レズ」がいたからだ。あのとき自分が彼女にした質問を今でも覚えているが、思い出すたびひたすら赤面するばかりだ。

「あんたたちってさ、会って何すんの？」

ある日の休み時間。私はクラスのレズの彼女に聞いた。

「べつに。カフェに行って、映画見て、カラオケするかんじだよ」

答えを聞いた私は「なんだそれ〜、普通の友達とすることとおんなじじゃん」とがっかりしたように言って、彼女に「そりゃそうでしょ」と笑われた。

つづけて本当に言ったかどうか、今となっては記憶違いかもしれないけれど、「だったら、なんで女とつきあうの？」と、聞いた気もする。


そして私は、三十代で初めて、女友達にコクられた。

その子とはカフェに行って、映画を見て、しょっちゅういっしょにごはんを食べていた。一晩じゅう話しても全然飽きなかったし、毎日会っても嫌にならなかった。もっと言うと、そのときのカレシと会うよりも彼女との方が楽しかった。外国人の彼女が一年間の学校の仕事を終えて帰国することになり、帰国前の三週間はずーっとうちに一緒にいた。あの夏、エアコンもない部屋で私は下着姿で寝っ転がり、彼女は私のベッドの下で眠った。

ある日、彼女が「家で寝るとき、もうちょっとなんか着てくれないかな」と困り顔で言った。私のことが好きで、私とセックスしたくて苦しいという告白だった。同性の友達が私の姿に「セックス」を想像するという事態に初めて出くわしてひどく動揺したが、驚きを表に出したくなくてその瞬間は適当にごまかし、たった今聞いたことをはぐらかそうとした。彼女との毎日はすごく楽しく、そういう関係に性的なものを加えようとは考えもしなかったし、あえて考えないことにした。ただもう面倒な状況を避けたかった。彼女が帰国する日まで、家ではもうちょっと気をつかって体の隠れる服を着て、それまで通りいっしょにカフェに行って、映画を見て、ごはんを食べる生活をつづけた。

彼女が帰国する前の夜、キッチンのテーブルに向かいあって座って、私たちは約束でもしたみたいに言葉を選んでいた。この別れが他の別れとどこか違うこととはわかってはいたが、性的関係の可能性をひらく決心はつかなかったから、ヘタなことは言えなかった。寝るね、と言って席を立つ直前、彼女が最後にもう一度、自分の気持ちを言葉にした。

「あたしがあんたを好きだってこと、わかってるよね?」

「うん、わかってる」と答えるほかは、何も言わなかった。しばらくひとりでキッチンに座っていると、部屋に行って寝息を立てる彼女を静かに見下ろした。ベッドに横になっても眠れず「明日別れるときグッバイ・キスぐらいはできるよな」と考え、というか覚悟した。

翌朝、起きてみると彼女の寝床はきちんと片づいていて、彼女も、彼女の荷物も見当たらなかった。驚いて家じゅう見回すと、テーブルの上に目につくようにブラウニーの包み紙が置かれていた。私たちがほとんど毎日買って食べていたブラウニーの白い包装紙には、「あんたを起こして別れの挨拶するのは、つらすぎるから」と書かれていた。ブラウニーのカスがところどころについているその手紙を読んで、私はおんおん声を上げて泣いた。キッチンに座って何時間も泣きながら、ものすごく後悔した。愛している人に、愛していると正直に言えなかったこと。今まで同性を「恋の相手」と思ったことがないという理由で、いっしょにいるのに自分の気持ちを伝えなかったことが一番悔しかった。三週間の同居中彼女をたくさん傷つけたかもしれないと思うと、ますます自責の念がこみあげた。彼女がいなくなったあとでこんなにも別れがつらくなるなんて思いもしなかった。

彼女との出会いと別れのあと、考え方や性的なアイデンティティはものすごく混乱した。今はその混乱をあえて避けようとせず、もっとたくさん考えて生きている。対象が誰であれ、愛する人の体を見たい、触れたいと思うこと。そういう情熱は今の私にもあるし、ロシアで同性の恋人と暮らしている彼女にもありつづけるだろう。そのことをストレートに伝えてくれた彼女に、感謝の気持ちを届けたい。それと、あのとき言えなかった言葉も、ずるいけどこの場を借りて伝えたい。

I love you, Ksenia.

イ・ラン

「一つにしぼりなさいよ」といつも言われている人。映画、音楽、そして絵を描くことのすべてを仕事にしている。アルバム『ヨンヨンスン』、『神様ごっこ』（二〇一六年、スウィート・ドリームス・プレスより日本版リリース）、短編映画『変わらなくてはいけない』、『ゆとり』のほか、著書に『イ・ラン四コマ漫画』、『悲しくてかっこいい人』（呉永雅訳、リトルモア、二〇一八年）、『私が30代になった』（イ・ラン、中村友紀、廣川毅訳、タバブックス、二〇一九年）など。「イ・ラン」は本名。

essay 05

韓国フェミニズム文学に描かれる共同体《わたしたち》

한국 페미니즘 문학이 그리는 공동체

すんみ
승미

韓国では、フェミニズムの大きな波が来ている。二〇一六年に起きた江南駅女性殺害事件後に起きた波は、三年が経ったいまも収まることを知らず、勢いをさらに増している。これまで黙っていた女性たちは、社会に蔓延していた差別に気付き、街へ出て差別をなくそうと声をあげている。文化評論家の孫《ソン》・希定《ヒジョン》は、この新しい波を「フェミニズム・リブート」と命名した。

出版界でも、チョ・ナムジュ『82年生まれ、キム・ジヨン』、イ・ミンギョン『私たちにはことばが必要だ』は、韓国で三年連続ベストセラーとなっている。フェミニズム関連書籍は徐々にその数を増やしてきて、ネット書店「yes24」の発表によると、二〇一八年に出たフェミニズム関連書籍は一一四冊と、ここ三年で最高を記録した。

文学では、韓国の読書人口と言われる二〇代から四〇代の女性の熱い支持を受ける若い女性作家の活躍が目立つ。主要文学賞の最終選考に残った作品がすべて女性作家によるものだというニュースが話題になった二〇一七年。チョン・セラン『フィフティ・ピープル』が韓国日報文学賞、ソン・ボミ『ディア・ラルフ・ローレン』が大山文学賞、キム・エラン『外は夏』が東仁文学賞、キム・グミ「チェスのすべて」が現代文学賞を受賞している。韓国日報の記事（「文学賞世代交代――80年生まれ女性作家が総なめ」、2017.11.17）によると、これらの文学賞の受賞者がすべて三十代なのはこの年が初めてだった。

今年「彼らの一四目と二四目の猫」で李箱文学賞を受賞した女性作家ユン・イヒョンは、一九七六年生まれであり、二〇〇五年にＩＭＦ世代（アジア金融危機以降の就職難などを経験した世代）の苦しみを、ヒトデが目に食い込む肉体的痛みにたとえた短編「黒いヒトデ」でデビューした。現実と非現実を地続きに描く作風が注目を浴びていたが、ユンは、フェミニズム・リブート以降、自らを「フェミニズムに入門した女性作家」と規定した。エッセイ「女性について書くこと――多すぎる質問と少しの答え」(『文芸中央』、二〇一七年夏号)のなかで、ユンは「私が創作者として抱いた女性嫌悪は、おそらく私が書いたものではなく、書かなかったもののなかに多く表れているだろう。いいかえれば、面と向かって女性を蔑んだり暴力を振るったりしたのではなく、女性を物語の周縁に追い出し、女性たちにまともな声を与えなかったのではないだろうか」と反省を見せる。「これから書く私の小説には、男性中心的な社会に順応する、または家父長制を強化するような女性が出てきてはいけないのだろうか」「私はフェミニズムに入門した女性創作者として、これから女性に対するどんな蔑視や無視のことばも『現実のまま』作品中に描いてはいけないのだろうか」という苦悩には、それまで自らの女性嫌悪に無自覚であったがゆえになにをどう描くかを意識的に一から捉えなおそうとする姿勢が見られる。【注】

「彼らの一四目と二四目の猫」でユンは、男女二人が交際し結婚して離婚したあとまでを描き、いまの結婚制度が、いかに当事者たちを犠牲に追いやっているか、その犠牲のもとに維持されるものかを告発する。最後に女性の主人公が参加することになる「育児の共同体」の実験の話には、ユンの思い描く新しい共同体の姿が描かれる。二十四時間八人体制で代わる代わる生後三か月の赤ちゃんの面倒を見る実験。親の他にはコンビニの夜間バイトの男子大学生、タトゥーアーティストの三十代女性など、経歴、性別、年齢がバラバラな構成となっている。実験の代表は言う。

一日三時間ずつ八人に手分けする。これを社会全体に広げて考えてみてください。こうすれば子どもだけに集中しなくて済むのです。仕事もやめなくていいでしょう。育児と結婚をわけて考えることもできるはずです。面倒をみるのは社会構成員がみんなでやって、経済的な支援を国家がしてくれれば。その約束が守られるのであれば。シングルマザーということばもいずれなくなるのではないでしょうか。

ユンがここで提示しているのは、家を基本単位とした近代国民国家の家父長制に依らない、流動的な相互扶助システムの社会である。そしてその社会は、経歴、性別、年齢がバラバラな人の共同体で支えられる。

このような共同体の姿は、チョン・セラン『フィフティ・ピープル』でも見られる。誰もが出入りできる大学病院をハブに行き来する五十数人の話がぞれぞれの語りで描かれ、複数性や多様な現代人の在り方が表現される。近代的な社会構造に依らない、流動的な共同体の姿。韓国の文芸評論家ホ・ヒはこう言う。

チョン・セランの書くほとんどの作品の背景には、共同体性がある。共同体性は、組織性とは異なるもの。組織性がさまざまな構成員を画一化しようとする権力だとしたら、共同体性はさまざまな構成員が自分の意志によって連合し、なんとも名付けようのない形で現れる動きの総体である。

「小さなものたちの大きなささやき」

韓国フェミニズム文学の真髄は、こうした「現代において可能な共同体の在り方の模索」にあるのではないだろうか。

世界を驚かせた二〇一六、二〇一七年の「ろうそく革命」の姿がまさにそうではなかったか。大統領の退陣を求めて光化門《クァンファムン》広場に集まった百万人もの民衆。彼らは、組織的に集まったのではなく、それぞれ自分の意志によって集まった。目的・方向は同じだが、政治的イデオロギーによる統率はなかった。ただ各個人が、自らの自由のために行動し、デモが終われば散り散りになる。全体主義的な構造化もなされない。むしろそこでは、極端で過激な行動に走らないように、個人個人が抑制し合い、けん制し合う姿が見られた。

多様で流動的であり、イデオロギーによる偏重もなく、それでいて方向性や秩序を保っている集団。女性の構造的社会的差別に声を上げ、「わたしたち」という主語を用いて自由のために行動しようとする人たちが目指すのも、そのような共同体の社会であり、そのような共同体として行動しようとしているはずである。男女を分断してそのどちらかを犠牲にしたり排除したりするのではなく、それぞれが交差し合いながら様々な流れを形成していける社会。韓国フェミニズム文学はいま、そんな社会を向かおうとしているのだ。

【注】同エッセイは「エトセトラ2号」(エトセトラ刊)に、筆者拙訳の全文が掲載されている。

【参考文献】
チョ・ナムジュ『82年生まれ、キム・ジヨン』、斎藤真理子訳、筑摩書房、二〇一八
イ・ミンギョン『私たちにはことばが必要だ　フェミニストは黙らない』、すんみ・小山内園子訳、タバブックス、二〇一八
チョン・セラン『フィフティ・ピープル』、斎藤真理子訳、亜紀書房、二〇一八
윤이형「여성에 대해 쓰기 : 너무 많은 질문들과 약간의 대답」『문예중앙』, 중앙일보플러스 二〇一七
윤이형「그들의 첫 번째와 두 번째 고양이」『제 43 회 이상문학상 작품집』, 문학사상 二〇一九
허희「소소한 것들의 커다란 속삭임」(정세랑『옥상에서 만나요』, 창비 二〇一八)

初出『女性のひろば』二〇一九年九月号(日本共産党中央委員会)

すんみ
早稲田大学大学院文学研究科修了。訳書に、キム・グミ『あまりにも真昼の恋愛』(晶文社)、共訳著に、イ・ミンギョン『私たちにはことばが必要だ　フェミニストは黙らない』(タバブックス)ほか。

interview 03

ユン・イヒョン

윤이형（作家）

女性が集中して書くことを妨げる要素がたくさんある 女性作家たちは、そんな泥沼から輝く作品を生み出している

文 イ・ミンギョン
訳 尹怡景

ソウル・新村《シンチョン》のカフェで、ユン・イヒョンに会った。フェミニスト小説家として知られる彼女は、今年「彼らの一匹目と二匹目の猫」で李箱《イサン》文学賞大賞を受賞、短編集『小さなこころ同好会』を出版するなど、目覚ましい活躍を見せている。SNSからも彼女の多忙ぶりをうかがっていたので、まずは新刊といま書いているものについて聞いてみた。

『小さなこころ同好会』
（文学トンネ、2019年8月）

――最近出版したのは『広場』という本です。小説家7人が広場をキーワードに書いた小説を集めたもので、私は原稿用紙60枚の短編小説を書きました。広場に集まった人同士が連帯していく近未来の話です。これまでは連帯について、既存の制度のなかで個々人が緩く、自由に、つながっていくものと考えていました。ですが、一種の反動として、そこから分離し、同質性を追い求め、小さな集まりを作る。そういう連帯の流れも

あることがわかりました。分離主義が普通のものとなった未来に、新たな反動を起こそうとする人たちの話です。いまは何も書いていません。長編を書く準備をしています。

そういえば私がこれまで読んできた彼女の作品は、ほとんどが短編小説か中編小説だった。長編小説はどれぐらい書いているのかが気になった。

――長編は340枚ぐらいの『説狼』しかありません。女性同士の恋愛模様を描いた小説です。

短編小説を書くことと長編小説を書くことは、どう違うのだろう。

――短編の場合、極端に言えば3日で書くこともできます。長編の場合は、そうはいきません。ずっと長い時間が必要になります。ですが、私は小説を書きながら子育てもしているので、長い時間を確保するのがとても難しくて。それで短編をたくさん書いてきました。書かないと収入がなくなるわけだし、生計を立てなければいけませんからね。子どもの面倒も見なければいけないのであまり余裕もありません。本当に大変です。

話を聞いているうちに、書く場所が確保できずにキッチンで小説を書き、書くことと家事を同時にこなさなければならないという現実的な制約のなかで、短いものしか書くことができなかった女性作家たちの歴史とユンの話がだんだん重なっていく。彼女はどのような1日を過ごしているのだろうか。

――いろんなことをやっています。小説を書いて、子どもを学校まで迎えに行って、子どもが寝たらまた書いて。忙しすぎて何が何だかわからなくなります。執筆中にごはんを作らなきゃいけないし、子どもとも遊んであげなきゃいけない。

1日の限られた時間のなかで小説を書いている彼女は、いつでもすぐに書き始められるように、書いていないときでも頭のなかで構想を練っているそうだ。

――突然、ある場面が浮かんでくるときがあります。人物については、「この人はこの時間に何をするんだろう」「こういう状況にどんな行動を取るんだろう」といったふうにいろいろなシミュレーションをしています。そこから選び抜いたものを凝縮して、書けるときに集中して書いているんです。頭で考えていたことをそのまま写している感じですね。子どもといるときもつい他のことを考えてしまうので、子どもからちゃんと遊んでくれないと文句を言われることも多いです。書いたり構想したりどう直すか考えたり資料を探したりするのを同時にやっていくしかありません。でも、子どもと一緒にいて何かをじっくり考えるのは難しいです。ママ向けの本って1ページあたりの文字数が少ないんです。書くのもそうですけど、読書も合間合間にしかできませんからね。

ほかの女性作家も同じく、時間の制約のなかで作業するしかない現実について、彼女はどのように考えているのか気になった。

――長編の場合は、前に書いた内容を振り返る必要があるので、間が空いてしまうと最初からやり直しになることがあります。感情も最後までずっと同じトーンを維持しなければいけなかったりするし。長編を1編書くのと短編を10編書くのは全然違う労働です。私と似たような境遇にいる女性作家たち、つまり既婚者で子どもがいる女性作家たちは「自分は怠け者だから」と泣きながら作品を書いています。実際の成果だけが評価され、それぞれの事情や状況などは考慮されません。長編を書けているのは、結婚していない女性作家のほうが多いです。

女性という理由で制約を受けている構造のなかで、自分の怠慢を責め、自分に鞭を入れるということは、長い歴史のなかで繰り返されてきたことだ。それに制約のなかで生み出した結果は、ふたたび女性作家の肩身を狭くさせ、新たな制約と先入観を生み出してしまう。

――「長編はあまり書いてませんよね」とよく言われます。長編を何編書いたのかって、作家を評価する基準にもなっているので。それに女性が書いた小説は、文壇でも低く評価されがちです。少女たちの世界、文学少女という言葉がありますよね。繊細な感情を綴っている文章や壮大な物語を展開させない作品を蔑み、未熟で幼稚だと捉えてしまう傾向があります。そんな厳しい環境のなかで、韓国女性作家たちはよくやってきたと思います。実は、文壇のシステムにも、女性が集中して書くことを妨げる要素はたくさんあるんです。女性作家たちは、そんな泥沼から輝く作品を生み出し

ています。男性作家の世界は……どうでしょう。子どもがいても、育児と執筆をどう両立させているのかという質問を受けることはないと思います。

男性作家なら聞かれない質問を受けた彼女に、李箱文学賞を受賞した男性作家だけが聞かれることを聞いてみることにした。作業部屋は持っているのかと。

——ありません。家とカフェを行ったり来たりしながら書いています。キッズカフェで書いたこともあります。

多くの女性作家とは違って、空間と時間をどう分離していくかを悩む必要のない男性作家たち。そんな彼らと自分を切り離し、ユン・イヒョンが女性作家としてのアイデンティティを明確に持つことになったきっかけを尋ねてみた。

——それまでは中性的、あるいは無性的な声で書くことが多かったです。なぜなら、女性の声で書くと、私的で、小さくて、つまらないことを書いていると評価されがちだってことを知っていたからです。自分でも知らないうちに、それに順応するようになり、男女の区別がつかない声やどっちと捉えても構わない声を選んだんだと思います。いまは、女性であることを認識しながら書いているので、すごく変わったな、と自分でも痛感しています。変化のきっかけは、江南駅殺人事件、フェミニズム・リブート（76ページ参照）、文壇で起きた性暴力事件でした。これまで生業としてきた文学のシステムが、そもそも暴力の温床だった事実を知って、すべてが崩壊し、足場が崩れるような感覚に襲われました。その廃墟に、被害を受けた女性たちが立っていたんです。あまりに大きな事件だったので、ものすごい変化が起きました。

女性としてのアイデンティティをなくす書き方をやめることで、世の中の見方、書き方はどのように変わったのだろう。

――それまでは、自分を含めた女性を物語から排除してきました。作家は世界を描く人で、世の中にはさまざまな人がいるのに、私は男性を中心に世界を理解しようとしていた。理解できない男性なんて山ほどいて、そんな男性たちを理解しようと頑張ってきました。その一方で、女性たちには何の物語も与えずに見過ごしてしまった。そんな悔恨の念に駆られました。女性を蚊帳の外に置くのはやめようと思いました。世界の中心に男性を据えていたことを思うと、今更だけど呆れます。何かを判断するときに、いつも大人の男性を基準にしていましたから。

そういう変化が起こってから、ユン・イヒョンは女性をどのように描くことを試みているのだろうか。

――いままで描いてきた女性は、本当の女性ではなく、男性の目から見た女性だったような気がします。すでに書いてしまったものは仕方ありませんが、いろんな気付きがあってからは、暴力の被害者としてのさまざまな記憶がよみがえって、性暴力などについて書きました。当時は、覚醒したばかりでかっと熱くなっていたので、「何を言われても闘い続ける」「生き残る」などの言葉を普段日常でも使っていたし、小説にも使いました。でも、いまはちょっと違うんです。闘うときの言葉と小説を書くときの言葉がぶつかり合って、化学反応が起こることがあります。小説では、現実で実際に行われる言い合いからはみ出ている人物を描いています。これで女性の権利が後退してしまったらどうしよう、と悩むことも多いです。

フェミニズムが大衆化されて以来、フェミ同士の言い争いも多い。フェミニズム小説家と言われるユンは、マスコミとのインタビューの際に、フェミ同士で起こっている「ケンカ」についての意見をよく聞かれるそうだ。韓国ではフェミニズムについて語る女性が、こういったケンカの仲裁することを求められている傾向がある。ユンがよく聞くという質問もそのような状況と無関係ではないだろう。

――小説家としては、むしろ議論に参加すらできない女性たちに関心があります。どうしてこの人たちは何も語れないのだろうと。老いていたり、病気だったり、子育てや介護をしていて身動きが取れなくなっていたりするんですよね。それから、フェミニズムに入門した女性としては、さまざまな闘いを見たり聞いたりして、共感しています。

同じような質問をたくさん受けている自分としては、逆に女性間の闘いについて質問する人たちのことを、ユンはどう思っているのかが気になった。

――どうしてうまくいくはずないと早とちりするんでしょうね。闘っていてはうまくいくはずもないと心配しているようです。「こんなに闘って果たしてフェミニズムの未来は、どうなるのでしょうか」という質問を受けることもあります。そんな大きなことが私にわかるはずないのに。フェミニズムが大衆化されてまだ3年しか経っていないのに、どうしてそこまで悲観的に考えてしまうのだろうと思います。最初はみんな同じ立場にいると思っても、生きてきた歴史がそれぞれ違うわけだし、個人差もあるだろうし。その違いから葛藤が起きているだけの話です。もちろん、そもそもの人数が少ないから、声を一緒にするときも必要だと思います。

最後に、日本の女性読者にはこのようなメッセージを残した。

――韓国では、デジタル性暴力が想像できないほどに進んでいます。それを実際に見て、聞いて、感じて、生きることは、とても苦しいことです。そういった暴力が抑えきれないほど大きくなったからこそ、女性からの反発も強かった。日本も韓国と東北アジアの家父長文化が共通しているので、日本の女性の方々も共感できるところが多いだろうと思います。日韓のあいだで、たくさん交流があることを願っています。

ユン・イヒョン

1976年ソウル生まれ。2005年に短編小説「黒いヒトデ」が中央新人文学賞に選ばれ、デビュー。2014年、2015年に2年連続で若い作家賞受賞、2015年に文知文学賞。2019年には「彼らの一匹目と二匹目の猫」で李箱文学賞を受賞。他の著書に『ラブレプリカ』『説狼』『小さなこころ同好会』など。

interview 04

キム・ジナ

김진아

（コミュニケーションディレクター）

文　宮川真紀
通訳　木下美絵

差別を受けて男女差別にはじめて気づいた家父長制への闘争を書いた著書は、私の反省文です

ショートカットの女性と狼の表紙が印象的な『私は自分のパイを求めるだけで人類を救いに来たんじゃない』。女性が簡単に社会と断絶されることなく、生き残るためにはどうすればいいか、自身の経験をもとに語ったこのエッセイは、2019年4月に発売、3ヶ月で5刷という話題作だ。著者キム・ジナさんは、大手広告代理店でコピーライターとして長年働き、40代になってから会社を辞めて、フリーランスで広告の仕事をしながらカフェ「ウルフソーシャルクラブ」（86ページ参照）をオープンした。最近の韓国フェミニズムは若い世代がリードしている、というのは本書でもすでに触れているが、その上の世代、社会に出てキャリアを築いてきた女性たちは最近の動きをどのようにとらえているのか、興味深く話を伺った。

『私は自分のパイを求めるだけで人類を救いに来たんじゃない』　パダ出版社

――キムさんは、以前からフェミニズムや女性運動を目にしたり、活動したりしてきたんでしょうか。

キム　私はX世代、「セックス・アンド・ザ・シティ」（SATC）世代なので、フェミニズムには全然関心がなかったんです。成功することへの欲は昔からありましたが、女性が成功する姿がどういうものかわからなくて、メディアによく出ているような、ブランドのバッグを男性から買ってもらうのでなく自分のお金で買い、女性としての主体性を持って成功するというのに憧れていました。そういいつつ、SATCに出てくるミスター・ビッグ、ユニコーン、私を助けてくれる王子様を待っていたんですね。広告会社に長く勤めていたにもかかわらず、女性を抑圧する表現などについては全然考えておらず、むしろ、どうやって女性を性的な対象として見せられるか、女性同士を競争させたり、女性をいかに不安にさせて購買に結びつけるか、そういうことばかり考えていました。私は女性だからそれがわかる、と。

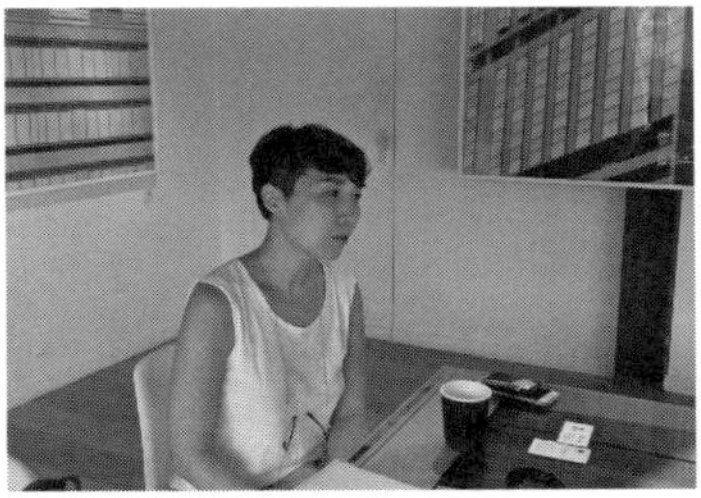

――今は「男性中心の社会や家父長制への闘争」を訴える著書を出し、フェミニズムスペースも作られています。考えが変わったのはなぜでしょうか。

キム　5年ほど前にフリーランスになってからです。自分よりパフォーマンスの低い男性社員が先に昇進したのがきっかけで、退職しました。それまで、結婚か仕事かといえば仕事を選んでたくらい仕事に人生を捧げてたのに、結局会社からかえってきたのは性別による差別だった。会社からしたら自然なことで、昔から行われていたこと、それに傷つきました。仕事に没頭しているときは、実力があれば会社は合理的な判断を下すと思っていた。実際自分が男女差別の判断をされた時はなぜかわからなかったんですね。自分の中の疑問から、フェミニズムに関心をもったり勉強するようになり、そういうときにフェミニズム・リブートや、江南駅殺人事件があり、前からずっと自分の中にあった思いが一気に表出する機会になったと思います。それまでは自分に間違いがあるからとか、攻撃的だから、積極的すぎるからだとか自分を責めてばかりいたんですけど、フェミニズムに接するようになってから全く考え方が変わりました。

――今はフェミニズムとアドバタイジングを結びつけた「フェムバタイジング」という手法を提唱されていますね。仕事の方法や考え方は変わりましたか？

キム　変わりました。世の中を見る目が全く変わってしまったので、視線を通してアウトプットされるものも当然変わってきました。広告の仕事をする時はフェムバタイジング、空間としてはウルフソーシャルクラブ。だから私にとっては広告も、空間も、書籍も自分のメッセージを表現するツールだと思っています。

――『私は自分のパイを求めるだけで～』は、どういうきっかけで書こうと思ったんですか。また、訴えたかったことはなんでしょう。

キム　実を言うと、この本は反省文です。江南駅事件以降、フェミニズムをリードしてきたのは10代20代ですが、韓国でいう既成世代、すでにその時代を過ぎてきた、30代以降の世代として反省することがあったし、学ぶこと、悟ることもありました。そしてこの世代として言わないといけないことがあると思ったんです。そういう人がいなかったから、私が言おうと。私が広告会社で働いてきて、性に対する扇動的な広告を作ったり、女性嫌悪に結果的につながる役割を少なからずしてきた者として、その事実を認めたかったんです。私も働いているときはそうでしたが、男性の準拠集団にいる女性は多いです。今も自分の中にあるそういうものと戦っています。小さいときから女性は男性によく見られるようにずっと振舞ってきたし、男性中心主義とか家父長制に中毒されてる部分が多いと思うので、そこからのリハビリ、克服する段階だと思います。女性は道徳的にこうあるべきとか、義務として社会から与えられているものがあまりにも多いし、誰かの面倒を見たり世話をしたりして、自分の人生に直面することを避けることがある。そうじゃなくて、キャリアとか夢とかあなたのパイを自分で見つけて、それを守ることをまずは優先しなければいけない、自分の人生責任持つのは自分だよ、ということを言いたくて書きました。

――キャリアを積んでいる世代の女性たちは、現在の

フェミニズムムーブメントをどのように捉えているのでしょうか。

キム　私と同年代でいうと、結婚していない人は同じような考えを持っているけど、結婚している人は子供や夫の面倒を見たりですごく忙しくて、あまりこのような話をしないですね。そういう姿を見るたびに結婚というものがいかに女性からたくさんのものを奪っているかと思います。本の中で離婚を「脱婚」と表現していますが、結婚という制度自体が持つものにがっかりしたり、制度の実態を知ることになって、家父長制から解放されたいという思いから、結婚から抜け出す、そういう意味で使っています。

――韓国と日本は、女性の置かれている状況が近いですね。

キム　韓国社会は、女性が長く働けないような環境にしています。賃金や昇進もそうだし、そういう問題に直面すると自発的にやめるような社会の雰囲気があって、結局経済的な独立を防いでいる面があり、最終的には結婚につながります。日本も同じですか？　お店に来る日本女性がよく言っているのは「韓国の女性は強いし、自分の言いたいことをすごく正直にいうからそういうものを学びたい」ということ。日本女性は、韓国女性よりもっと抑圧を受けているように思います。そういうこともあり、私は韓国の男性より、日本の女性と連帯したいです。フェミニズム・リブートやフェミニズムの流れに共感していただいて、共に声を上げて、一緒に強くなっていきたいです。

キム・ジナ

弘益大学校視覚デザイン科卒業後、コピーライターとなる。現代自動車、KTオルレ（通信会社）、など様々なキャンペーンを担当。CM監督と共に広告プロダクションを設立、2016年にはスキンケアブランドisoi（アイソイ）のキャンペーンを通じ韓国の広告業界に「フェムバタイジング（Feminisim+Advertising）」という新たな風を起こした。現在はウルフソーシャルクラブを運営する一方、フリーのコピーライターとしても活躍中。

column 02

フェミニズム・リブート

1990年代半ばからのヤングフェミニズム運動は2000年代に入り下火になったが、その後の2015年に若い世代を中心に再びフェミニズムに関心が高まった現象を指す。文化評論家のソン・ヒジョン【注】が命名。リブート（reboot）とはもともと映画業界でよく使用される用語で、過去に制作された作品の核となる部分は変えずに新しく作品を作り直すこと。

ソン・ヒジョンが「フェミニズム・リブート」の発端と指摘するのは、2015年1月、ツイッターを通じて過激派組織「イスラム国」に志願した10代の韓国人少年が、同じくツイッター上で「僕はフェミニストが嫌いです」と発言した出来事。当時「フェミニズム」という言葉が大手ポータルサイトNAVERの検索語ランキング1位に急浮上する事態となった。翌月の2015年2月になると「#私はフェミニストです」ハッシュタグ運動がスタート、多くの女性たちが「フェミニスト宣言」に賛同した。

その後、2015年5月に韓国でMERS（中東呼吸器症候群／韓国ではメルスと呼ばれる）患者が見つかり、国内で感染が広がる事態が発生。最初にMERSと確定された患者が香港旅行から帰国した女性と推測する記事が出たことで、匿名の電子掲示板サイト「日刊ベスト貯蔵所」を中心に女性嫌悪発言が相次いだ。2015年5月末には掲示板サイト「DC Inside」に、ＭＥＲＳ事態を機に激増した男性たちの女性嫌悪発言を批判する「ＭＥＲＳギャラリー」が登場。その会員たちが主軸となり２０１５年8月に「メガリア」というコミュニティサイトを立ち上げる。「メガリア」というサイト名は、「ＭＥＲＳギャラリー」と小説「イガリアの娘たち」のタイトルを組み合わせて名付けられた。メガリアの利用者たちは女性嫌悪発言の主語を男性に変える「ミラーリング」戦略により女性差別の現状を浮き彫りにし、大きな注目を浴びると共に様々な議論を呼んだ。ところがメガリア内での内紛を機に多くの会員たちは別のコミュニティサイト「ＷＯＭＡＤ（ウォマド）」に活動の場を移し、メガリアは２０１７年にサイト閉鎖となった。

（木下美絵）

【注】ソン・ヒジョンは大学院で映画学を学び博士学位を取得、長年ソウル国際女性映画祭にも関わってきた。映画やドラマ、バラエティ番組などを題材にフェミニズム文化批評を行っている。

【参考】
『大韓民国ネットフェミ史』（クォンキム・ヒョンヨン、パク・ウナ、ソン・ヒジョン、イ・ミンギョン、ナム・ヨンピル、２０１７年）
『フェミニズム・リブート』（ソン・ヒジョン、ナム・ヨンピル、２０１７年）
〈「ヤングフェミ」広場に出てくる①「メガリア」が打ち上げた小さなボール〉（女性新聞、２０１８年12月1日、チェ・ユンジョン記者）
http://www.womennews.co.kr/news/articleView.html?idxno=182671

한국 페미니즘과 우리 ／3

ソウルで知ったこと 女性たちの行動

서울에서 알게 된 일 — 여성들의 행동

Seoul report and Women's action

P.80～P.99 取材・文　宮川真紀

記憶ゾーン／性平等図書館「ヨギ」
기억존／성평등도서관 여기

report_01

江南駅付近女性殺人事件 追悼ポストイットを保存展示

ここ数年の韓国フェミニズムムーブメントの話題で必ず出てくるのが、「江南駅付近女性殺人事件」だ（36ページ参照）。これは2016年5月17日未明、ソウルの繁華街、江南駅近くのカラオケ店が入居するビルの公衆トイレで、23歳の女性が見ず知らずの34歳男性に殺害された事件である。警察は、加害者が統合失調症患者であったことから通り魔事件と発表したが、この男性が「ふだん女性から見下されている」と感じて犯行に及んだと供述したこと、女性だけを選んで殺害するために現場で30分以上待っていたという事実が知られ、これは女性嫌悪犯罪、ヘイトクライムであるという議論が発生した。

事件直後の5月18日から、ある市民の提案で被害者の追悼運動が始まり、現場近くの江南駅10番出口のガラスの壁に追悼メッセージを書いたポストイットが貼られ始めた。大判のポストイットには、被害者への哀悼とともに、女性という理由だけで殺害されたことへの恐怖、自分は運よく生き残った、女性嫌悪への怒りと、多数の声が記された。この運動は江南駅だけではなく、ソウル各地、大邱、釜山、広州など韓国全域で多発的に起こり、5月末までの2週間ほどの間に貼られたポストイットの枚数は35350枚だという。

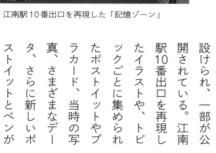

　この大量のポストイットは、現在はソウル市の管轄団体、女性家族財団がすべてを収集保存している。2016年11月末から、同財団が運営する性平等図書館「ヨギ」に「記憶ゾーン」という展示スペースが設けられ、一部が公開されている。江南駅10番出口を再現したイラストや、トピックごとに集められたポストイットやプラカード、当時の写真、さまざまなデータ、さらに新しいポストイットとペンが置かれ、訪れた人がメッセージを書き込み貼れるようにもなっている。韓国語に混じって英語、日本語など他の言語のものもあった。

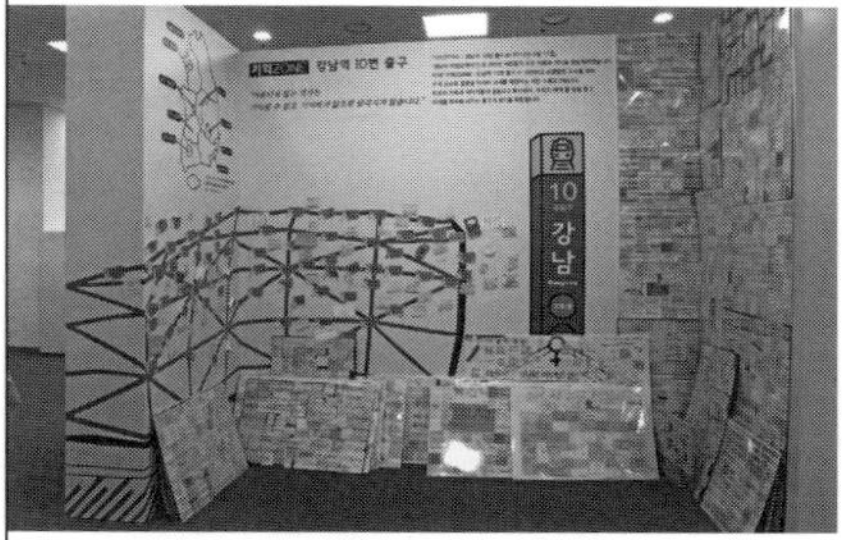

江南駅10番出口を再現した「記憶ゾーン」

　保管のきっかけは、事件後にポストイットを見たソウル市長パク・ウォンスン氏より「こういうものは記録として残した方がいいんじゃないか」という話が出たことからだったそうだ。女性家族財団がソウル市の管轄組織だったことから、実作業を引き受けた。ポストイットは、事件翌日の5月18日には貼られるようになったが、収集もかなり早い段階から始まったという。

「事件のあと、雨の予報があったんです。なので雨に当たらないように、早くどこかに移して保存した方がいいということになり、まずはソウル市役所の地下の「市民聴」という市民のための複合ギャラリーに、一旦保管し、そのあと図書館に移しました。最初は建物の1階に展示する空間があったんですけど、そこにずっと展示するのはメンテナンス的にも難しくなってきて、図書館内に正式にスペースを作ることになったのが、2016年11月末です」と、図書館司書スタッフの方に伺った。

　ポストイットを書いていたのは一般の人々で、自発的な行動として参加していた。特定の団体が主導したり管理していたわけではないそうだが、保存や記録するとなったとき、どのような手順で進め、その情報は参加者にどのように伝えられたのだろうか。

「さまざまな地域でポストイットを貼る行動があったんですが、その地域ごとにポストイットを守る番をするような人たちが生まれて、そういう方たちとの連絡で、移動することを伝えました。みなさんボランティアの方です。特に対価を求めるのではなく、事件があってから女性嫌悪への反対を中傷する声が上がっていたので、そういった声から守るというのを買って出た人たちです」とのこと。現在展示されているポストイットもとても状態がよく、多くの声を大切に扱っていることが感じられる。

　このポストイットは現在ソウル市女性家族財団のサイトに「記憶ゾーン」としてアーカイブされネット上で見ることができる。「ここで保存するというのも、ポストイットの内容を記録するという目的があった」とのことで、3500枚あまりが一枚ずつ撮影され、書いてある内容がテキストに書き起こされて、公開さ

当時の記録がさまざまな形で展示されている。ポストイットとペンが置かれ、訪問者も書いて貼れるようになっている

実際に各地で貼られていた追悼ポストイットを見ることができる

れている。「記憶ゾーンに実際に来れない人のために、インターネット上でもメッセージを書けるようになっています」というように、サイト上の「江南駅近くの殺人事件追悼メッセージ」ページから、追悼文、メッセージをアップできるフォームが設置されている。

このアーカイブも非常に充実しているが、情報の記録・公開に非常に力を入れていることがわかる。「記憶ゾーン」に至るまでの資料には、事件に関する検索キーワードの分析があった。

「オープンするにあたって、事件後にあったことを一回整理しようというディスカッションがあったんですが、その時に新聞記事やキーワードを検索しているのを見てみると「そううつ病」だとか「嫌悪」だとかいろんなキーワードが出てきました。それを財団で整理してみようということになり、データ分析をしている業者さんにお願いして資料を作りました」というように、事件をさまざまな角度から記録し、記憶することへの熱意が伝わってくる。

女性中心の歴史Herstoryを記録する性平等図書館「ヨギ」

「記憶ゾーン」があるのが、性平等図書館「ヨギ」だ。女性関連資料や書籍の保存公開、展示、アーカイブをする図書館である。ソウル女性プラザという複合施設内にあった女性史展示館が移転することになり、同じような主旨の、女性に関して記憶して記録する場所を作ろうということで、2015年7月にオープンした。

階段状になった本棚が並ぶ

広々した空間に書架が並び、アートや歴史年表など、複数の展示も行われていた。

「ここは女性に関する施設を作ろうということで、名前も性平等図書館としました。Historyが男性中心だとしたら、

司書の方おすすめの本のコーナー。最近話題のフェミニズム書籍も多い

女性中心はHerstory。女性中心の歴史を記録していくことを目指しています」

Herstory、あまり聞きなれないが、韓国ではよく使う表現だそうだ。女性のことを記録しようということでよく使われ、女性運動をしている人にはおなじみだとか。「Herstory」というタイトルの映画もあり。

貯蔵されている資料は、基本的にNGOの女性団体から寄贈を受けたものだが、今韓国ではフェミニズムの本が流行しているということもあって、関連する本をたくさん置いているそうだ。基本的にソウル市民が利用する施設で、貸し出しだけは市民に限定しているが、他の地域からの来館を制限しているわけではなく、訪問や閲覧は自由だ。

オープンするにあたってさまざまな女性施設や図書館を訪問して参考にしたそうだが、日本の東京ウィメンズプラザもその一つだという。

「ウィメンズプラザに、図書館ではなく資料室というのがあって見せてもらいました。ソウル市の管轄ということで一般の人も利用するし、研究もここでしたいし、記録資料も集めたかったというのがあり、Library、Archive、Museum、三つの機能を備えた施設を目指しました。韓国語で「ラキビウム」、そういうことばがあるわけではなくて造語なんですが」

そのラキビウムの工夫は随所に感じられる。ライブラリー、図書館スペースを設計をしたのがフェミニストの建築家で、意識、考え方も図書館のデザインに現れている。女性の歴史をもっとわかりやすく伝えるために、たとえば書棚が階段状になっているところがあるが、性平等の意識が低かったのを、どんどん上げていこうという意味が含まれているという。また、いろんなところに椅子が置いてあるのは、図書館自体が歴史の現場で、そこに実際に座ってもらって体感してもらうという意味があるそうだ。図書館名の「ヨギ」は韓国語で、ここ。女性の歴史がここにある、ということだろう。館内には手作りのソウルのフェミニズム関連施設のマップがあり、来館者が自分はどこで性平等にまつわる行動や勉強をしたかを書き込む、といった展示もあり、参加を実感できるしくみがほどこされている。

ミュージアム、展示についてはソウル市女性家族財団が全て企画しており、展示中の女性運動の歴史展示は、女性運動とその後の法制化を対比させるという資料性の高いものだった。

「去年アーカイブの仕事をしながら、こういう活動があったというのを整理していたんですが、女性運動があって、その後どう政策につながったかというのを一目でわかる展示を作りたかったので」とのこと。その元になった女性史年表は、財団のサイトにアーカイブされ、2019年2月から一般公開されている。1800年代から現在までの韓国の女性運動や女性にまつわる事件などを網羅する詳細な年表で、今も資料をスキャンして更新を続けているそうだ。

図書館として日本向けに発信をしているわけではないが、訪問は誰でも受け入れている。

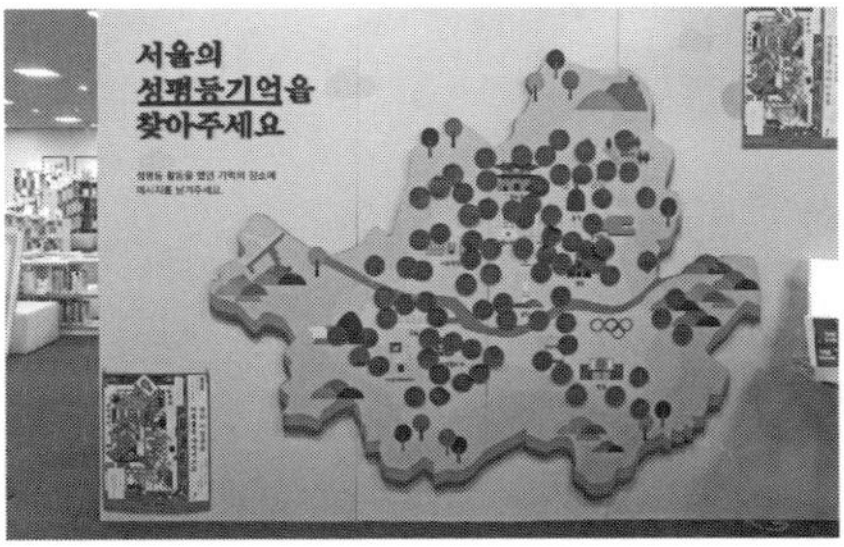

ソウル市内の女性関連施設マップ。来場者が自分が男女平等に関して行動したことを書き込めるようになっている

性平等図書館「ヨギ」

住所：서울특별시 동작구 여의대방로54길18
（1号線　大方駅3番出口）
営業時間：火曜〜土曜
9:00〜12:00、13:00〜18:00
閉館日：日曜、月曜、財団創立記念日（1月24日）
勤労者の日（5月1日）
http://www.genderarchive.or.kr

ウルフソーシャルクラブ
울프소셜클럽

report_02

素敵な雰囲気が女性運動であり、フェミニズムであることを自然に感じ取ってほしい

ソウル・漢南洞《ハンナムドン》エリアは、各国の大使館も多い、高級住宅街だ。洗練されたショップやレストラン、カフェも増えてきて、最近注目されているスポットだという。「ウルフソーシャルクラブ」はこのエリアに2017年にオープン。店名はヴァージニア・ウルフの名にちなんでつけられた。カフェであると同時に、女性たちが社会的イシューについて討論し、多様な分野で働く女性フリーランサーが互いに繋がりエンパワーメントする空間として生まれた。2019年3月には「ソウルで注目すべきフェミニズムスペース」として『ニューヨーク・タイムズ』にも紹介された。

とはいえ、カフェは一見するとフェミニズムを感じさせるものはない。古いビルをリノベーションした外観もおしゃれで、メニューもインテリアもいわゆるインスタ映えするすてきなカフェ。私は今年2回訪ねたが、両日とも若い女性客で満席で入れなかった。

このカフェが地元の若い女性たちに好まれる、居心地のいい空間であることが伝わってくるが、フェミニズムスペースとしてはどんな機能があるのか、オーナーのキム・ジナさん（インタビュー参照）に話を聞いた。

キムさんは広告会社に長く勤務したあと、フリーランスのコピーライターをしながら、このカフェをオープンした。広告業から飲食店経営、しかもフリーになってから、というとずいぶん思い切ったことのようにも思うが「広告業はクライアントの希望に合わるのが仕事なので、自分だけの空間がほしかったんです。会社を辞めたあとパブを友達と一緒にやったことがあり、フリーランスは収入が一定ではないので、カフェを始めたというのもあります。でもやってみて自営業がこんなに大変だとわからなかった」と笑うキムさん。といっても気まぐれで作ったわけではなく、カフェを作る意義はしっかり考えられていた。

「このカフェのコンセプトは、ヴァージニア・ウルフの作品『自分ひとりの部屋』からインスピレーションを受けて作りました。ウルフは著書で、女性が女性として生きて行くためには経済的な独立と、自分だけの空間のふたつが重要と言っていて、私も振り返るとそれはとても重要だと思ったので女性にその機会を与えたかったんです。この本が書かれたのは90年くらい前なんですけど、女性の立場とか環境が全然変わっていないことに驚きました。その時代から何十年もたって、韓国ではほとんどの女性が大学に進学しているのに、まわりをみていると母の時代と同じように生きている。なんでそんな生き方をしないといけないのか、根本的に疑問を持つようになりました」。
そのコンセプトは、カフェで行われているイベントに生かされている。

店内でイベントが開かれ、ネットワークを広げている

「少し前のイベントで、Ctrl+Fで検索するというのにかけて「Ctrl+F-ting（コンエフティング）」というイベントを行いました。コントロール、ファインディング、フィメール、いろいろかけてるんですけど、いろんな分野の女性のフリーランサーのネットワークを作りたくて。パッケージデザイナー、コピーライター、写真家などが一緒に働く協業の機会の場を設けて、とても評判がよかったです。フリーで働いていると、同じような人とばかり会ったり、自分の狭い領域に閉じこもってしまいがちなので新しい人と出会う機会を設けたかった。そのときのスローガンが、3つあって「新しいこと」「大きなこと」「お金になること」。そういう新しいことができると知ってもらいたかったし、そういう場を作ろうと思っているのでやってみたんです。また、会社勤めをしている女性を対象に、働く女性のキャリアとか悩み事に答えるというイベントを企画しています。女性にとって夢、キャリアは重要ですが、女性の夢は母になったり、娘として妻としてなどいろいろなもので簡単に断絶されやすい。私だけの夢をそのまま叶えてほしい、簡単に断絶してほしくないということを、どうしても伝えたい。私は20～30代の女性に辞表を出してほしくないんです」。

若い女性たちにキャリアを積み重ねてほしい、応援したいというキムさんの話は、自身の体験から基づいているだけにとても実践的だ。冒頭で述べた、フェミニズム感のあまりないカフェ空間の雰囲気も、意図して作られていた。

「フェミニズムの空間というと、かっこいいイメージにするのはむずかしいんだけれど、フェミニズムスペースと知らなくて来ても、かっこいいなと思ってもらえるような空間にしたかったんです。音楽とかもいい経験をしてもらいたかった。こういう理念があるというのを強調するんじゃなくて、こういう素敵な雰囲気が女性運動であり、フェミニズムであるってことを自然に感じ取って欲しかった」。

カフェのメニューは「スターバックスでは食べられないもの」をめざしているそうだ。スタッフは、飲食業のプロを集め、アルバイト含め全員女性だ。ケーキも手作りで、なかでも人気なのはキーライムパイ。韓国で美味しいキーライムパイを探すのは大変だそうで、自慢の一品だ。ドリンクのシグニチャーメニューは「バタークリームヘブンラテ」。たっぷりのバター、精製されていない砂糖、生クリームで作るバターシロップはオリジナルで、その味わいは「テイストオブヘブン！」だそうだ。甘いメニューとフェミニズムが同居するカフェスペースである。

バタークリームヘブンラテ。見た目にもこだわりがある

WOOLF SOCIAL CLUB（ウルフソーシャルクラブ）
住所：서울시 용산구 한남동 한남대로158
（6号線　漢江鎮駅２番出口）
営業時間：月・火・木・金・土 12:00〜22:00
日 12:00〜21:00
定休日：水曜
http://www.instagram.com/woolfsocialclub

フェミニズムブックカフェ Doing
페미니즘 북카페 두잉

report_03

民主化世代が20年かけて実現したフェミニズムブックカフェ

ここ数年、ソウルにはフェミニズム関連の施設、スペース、カフェが続々誕生している。フェミニズムマルチカフェ「Ｄｏｉｎｇ」のオープンも２０１７年１月。だが、カフェを始めたキムハン・リョイルさんは学生時代から「フェミニズムの世界観を基本とするマルチカフェ」を作るという夢を持ち、20年を経てようやくかなえたのだという。個人事業から始まり、現在「Ｄｏｉｎｇ社会的協同組合」として活動しているこのスペースの理事長リョイルさんと、副理事長のイル・ヨンスクさんは、共に１９８７年の民主化運動を闘った同世代だ。闘って権利を勝ち取ってきた体験をしてきた世代と、現在の若いフェミニストたちが集うのが、このＤｏｉｎｇである。

店名「Ｄｏｉｎｇ」の由来は、Doing Feminism、「フェミニズムを生きる。フェミニズムする」ということだそうだ。フェミニズムは常に動き成長し、「するこ

と」「生きること」であり、剥製となったり固定されたものではないという意味を込めている。店内には現在１４００冊ほどのフェミニズム書籍があり、図書館としての機能と、アクセスが良く安全な空間で思う存分話ができ休息できるカフェの機能を重視したという。また、毎週火水木はフェミニズム読書会、毎週土曜日にフェミニズムの最近のイシューに関する特別講演会を行うなど、ネットワークの形成や知識の習得にも力を入れている。これまでに企画した講演会は、非暴力、ＬＧＢＴ、フェミニズム古典を読む会、１９８７年の世代から２０１７年の世代までという討論会など、興味深い内容だ。

理事長リョイルさんがフェミニズムカフェを作ろうと思ったのは、大学入学後だった。男兄弟がいなかったので男女の不平等を実感したことがなかったが、

「大学に入学してから何をやるにしても男性が代表をやるとか、世間的にはちゃんとしている男性と結婚をしたのに、洗濯機を回すこともできないとか。子どもを２人産んで、夫の世話を見ているうちに、これは普通じゃないと思うようになった」という。学生時代にフェミニスト神学の勉強をしていたときに決定的に差別を感じたのが、牧師になる資格を２０００年頃まで女性には与えられなかったこと。同じ人間なのにそれはおかしいと、勉強している女性たちが反対の声をあげデモを行った。大学卒業後２つの大学院を終了し、結婚、離婚を経てフェミニストを自認したリョイルさんだが、フェミニズムカフェを開くまでに20年を要したことについて、こう語る。

「フェミニストはごく少数であるため、大抵は寂しい一生を送ります。自分の考えを80～90％は表現できずに生きていきます。フェミニストとしての考えを全て表して、表現しながら食べて生きていくことがほ

とんど不可能なためです。私は現在29歳、27歳の子どもを9歳、7歳のときから1人で稼いで育て、家長として生きてきました。だからフェミニズムを目指す私の考えをきちんと表現したり個人的な夢を実現するのが遅くなってしまいました」。

Doingを始めたきっかけも、友達ができるんじゃないかというのが大きかったそうだが、実際に副理事長ヨンスクさんとの出会いがあった。お2人は同い年で、前述のとおり民主化運動絶頂の時に運動していた世代だ。当時は女性も活発に参加していたそうだが、振り返ると女性は補助的な役割で、主体的な形はほとんど見えなかったという。

「運動してきた人たちは、人権や平等、正義への意識は強いが、日常的な差別に戦う力はなくて、ジェンダー意識を重ねて考えるきっかけがなかった。それで若い世代から「一体民主化運動はなんだったのか」と言われます。自分の生んだ子供たちが、今のフェミニストになり、お母さんは民主化運動を一生懸命してて人権意識を持っているというのにおかしい、全然フェミニズム的な考え方をしていないと批判されるんですね。自分たちはこの国をいい国にしたいとすごくプライドを持って民主化運動をやったのに、子どもたちが住む世の中は、女性が空気を吸うことも苦しいくらいの社会。それを私たちが作ってしまったんじゃないかってショックを受けた。上の世代も自分の子どもたちが今おかれている環境とか、批判を受けて、本当にジェンダー意識を持ち始めたり考え始めたりしています」（副理事長ヨンスクさん）。

「私たち民主化の世代は、民衆が解放されれば女性も解放されると思っていた。80年代に大学に通っていた人の考え方ですよね。それから10年後の90年代は、女子学生だけの自治会ができたり、女性の独立に関する活動をもっと積極的にする世代で、ヤングフェミニスト世代といいます。それからさらに20年たって、ネットフェミニスト世代、ヤングヤングフェミニストと呼ばれている。最近のヤングヤングフェミニスト世代の活動は、90年代の活動の、女性の独立を強く望んで活動していたのとてもよく似ています」とリョイルさん。ヨンスクさんも、

「私は若者たちが平和デモなど大きな動きを起こしたことは、突然起こったことではないと思うんですよね。民主化運動、その前の日本植民地時代からの独立運動、差別や抑圧があったら根強く抵抗してすごく大変だけれどやはり正義は勝つ、という歴史の経験からくると思うんです。私の上の世代は独裁政権と戦った、親の世代は差別と戦って勝った。人権、女性差別は切り離すことができない、というのが大事だと思っています」と続けた。フェミニズムは常に動き成長し、まさにdoingであると、上の世代からヤングヤング世代へ受け渡しが行われている。

果たして日本でもそのdoingはあるのだろうか、という疑問に、日本に留学していたことのあるヨンスクさんはこんなことばをかけてくれた。

「日本でも大昔ウーマンリブあったじゃないですか。私たちにはその流れがあったよ、と踏み台にすればいいと思います。闘って少しでも成果を味わうということから、次の段階に自信を持って、叩かれても無駄ではなかった、と思えますよ」。

世代を渡ってフェミニズムが醸成している。取材の最後に訪れたこのカフェで、韓国フェミニズムの力強さをあらためて感じた。

Doing 社会的協同組合

住所：서울시 강남구 삼성로654, B01호
（7号線　チョンダム駅5, 6番出口）
cafedoing@naver.com
営業時間：水曜〜土曜、月曜 11:00〜22:00
定休日：日曜・火曜
https://www.facebook.com/bookcafedoing

マリーモンドラウンジ

마리몬드 라운지

日本軍「慰安婦」ハルモニに寄り添うブランド

様々な花が描かれたスマホケースが韓国で人気のマリーモンドは、人権のために行動し暴力に反対するライフスタイルブランドである。設立は2012年10月、当時大学生だった創業者がサークル活動を通じて日本軍「慰安婦」のハルモニ（おばあさん）たちと交流したことから、ハルモニたちの押花作品などを活用した製品を作るようになり、創業を通じて持続的に寄付を行っていけるブランドを立ち上げることになった。ブランドの象徴的なモチーフである花は、ハルモニひとりひとりの人生とその姿に照明を当てるヒューマンブランディング「花（コッ）ハルモニプロジェクト」として誕生した。ソウルにある店舗には、Tシャツ、トートバッグ、雑貨など多彩な花モチーフの商品が並ぶ。ハルモニたちに手紙を書くイベントや署名キャンペーンなど多様なイベントの窓口として利用され、ハルモニたちについて改めて考え、尊敬し、記憶することを訴えている。年間営業利益の50％以上を日本軍「慰安婦」ハルモニ、芸術家、難病の子どもたちなどに寄付している。

report_04

このような背景を持つマリーモンドは、K-POPアイドルやタレントが愛用していたことで一気に広まったという。

「ファンの方が芸能人の方にプレゼントしたことで、知られるようになりました。当時からどういう活動をしているというのを理解している人が多く、主旨を知ってもらいたいということでプレゼントされたのではと思います」（マリーモンドラウンジマネージャー、チェ・チョルホさん）。

社会的企業というイメージが強く、若い世代もそれを意識し、ごく自然に取り入れている印象だ。オリジナル商品のほか、異業種とのコラボレーションや海外進出にも力を入れ、香港、シンガポール、東アジアに販路を広げる計画もある。日本では一般社団法人「希望のたね基金」と連携し、2018年12月から「マリーモンドジャパン」としてウェブサイトを展開、韓国で販売中のほとんどの商品を販売している。ショップを訪れる日本人も増えたそうで、訪問する人に向けて広報、イ・エリさんよりメッセージをいただいた。


「日本軍「慰安婦」問題は、単なる日韓関係や政治的な問題ではありません。世界の女性の人権問題として考えていただきたく思います。戦争という状況下で最も安全を保障されず、道具として使用されたのは女性と子どもです。今の戦争国家はもちろん、韓国と日本をはじめとした先進社会でも、女性と子どもの人権が保障されなかったら先進国とは言えません。女性を性搾取の対象として見ることなく、男性と同等な社会の構成員として向き合ってはじめて本当に発展した社会へと進んでいけるでしょう」

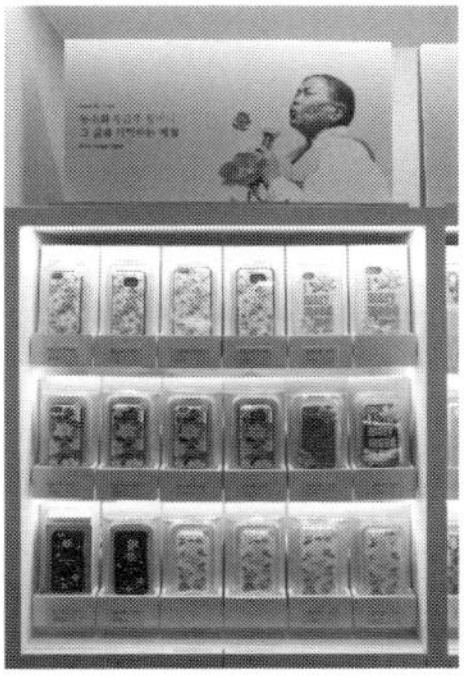

最も人気あるスマホケース。ハルモニごとの花のモチーフでさまざまなデザインがある

マリーモンドラウンジ 마리몬드 라운지

住所：서울시 성동구 서울숲6길12
（2号線　トゥクソム駅8番出口）
営業時間：11:00〜21:00
https://marymond.kr/main/index

戦争と女性の人権博物館

전쟁과여성인권박물관

report_05

戦争と女性への暴力がない世界を作るため行動する博物館

若者に人気の街弘大《ホンデ》は、美術学部が有名な大学がありアートやカルチャースポット、カフェが集まるにぎやかなエリアだ。その中心、弘大入口駅から歩いて10分ほどの閑静な住宅街に「戦争と女性の人権博物館」はある。大通りから路地に入ると、坂道の左右の壁にカラフルな絵が描かれ、メッセージが書かれたカードが多数貼られていて、博物館への道案内のようだ。

日韓関係が日毎に悪化し、あいちトリエンナーレで「平和の少女像」展示が中止された2019年夏、「戦争と女性の人権博物館」を取材した。同館は「日本軍「慰安婦」被害者が経験した歴史を記憶・教育し、日本軍「慰安婦」問題を解決するために活動する空間」であり、「現在も続いている戦時性暴力問題を解決するために連帯し、戦争と女性への暴力がない世界を作るため行動する博物館」である。2ヶ月前にここを訪れ、その展示内容、表現方法、何より慰安婦問題の歴史と現状に考えさせられることが多く、この機会にお

話を伺うことにしたのだった。館長のキム・ドンヒさんは、「簡単なことではないと思いますが」と前置きをしながら、博物館とその活動について語ってくれた。

　博物館に訪れチケットを購入すると、そこには元慰安婦ハルモニ（おばあさん）の人生が書かれている。それぞれ被害を告白し、行動した女性たちである。まず彼女たちに向き合い、慰安婦たちが置かれた環境を追体験するような館内を進む。戦争中の状況、ハルモニたちのことば、実際に使用されていたもの、膨大な資料に圧倒される。戦争の悲惨な状況だけを展示しているのではなく、被害者への敬意があり、順路を進みながらだんだん学んでいくような工夫がされているように感じた。

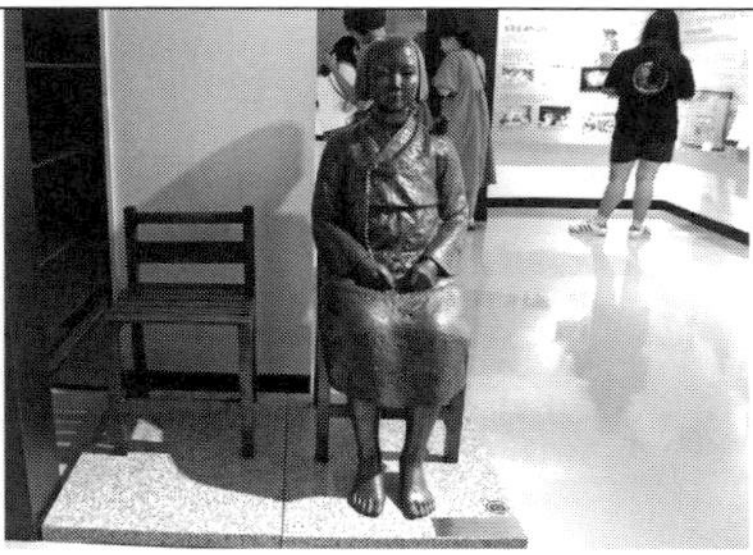

館内で唯一撮影可の「平和の少女像」。
隣に座り一緒に写真を撮れる

　「普通展示を考える時、キュレーターが入ることが一般的だと思うんですが、ここは関わらなかったんです。なぜなら、今まで運動をしてきた活動家の人たちが一番わかっているのではないか、ということから、その人たちの声をどんどん取り入れて作ることになったんです。専門家が携わっていないので不足している部分もあると思いますが、実際に被害者のおばあさんたちと10年以上一緒に手を取りながら活動して、どうやって何を伝えるか理解している人たちが作ったので、被害者の視点を感じられるということだと思います」（キムさん）。

　博物館が開館したのは２０１２年だが、そこに至るまでには約30年の慰安婦問題解決のための活動がある。運動は、韓国の進歩的な女性団体が先導して始められたが、その代表が「韓国挺身隊問題対策協議会」で、博物館はこの団体の付属機関という位置付けになっている。

　「どういう目的で博物館を作ったかというのは、植民地時代のことに対して日本政府に法的な責任を求めるというのもあるし、女性に対する暴力をなくそう

来館者のメッセージ。さまざまな国のことばで「忘れない」と記されていた

という目的もあります。慰安婦問題だけでなく、女性主義的なものも全て含めて一緒に問題を解決していこうという意味がありました。この問題の始まりは、女性差別や女性嫌悪というもので、それを突き詰めていくと、韓国社会の家父長制による差別や抑圧に突き当たります。団体としては、元慰安婦のハルモニたちが被害を告白してくれた勇気や敬意を表して、一緒に話を聞いて社会を変えていこうという思いで活動や展示をしてきました。#MeToo運動があった時も、韓国での最初に声を発したのが慰安婦のハルモニたちで、その声を一緒に聞いて、権利を回復するという活動をずっと続けてきたのです」。

慰安婦問題は、日本では国家間の賠償問題として言及されることが多く、自分との関連を考える人は少ないが、こちらでは若い世代も積極的に関わっていることに驚かされた。ハルモニたちの行動を知り、女性問題、人権問題として、自分ごととして捉えているからなのだろう。博物館にも若い女性や親子連れが多く見られ、また毎週行われている水曜デモ（100ページ参照）も、若者も男性も参加しているという。

「日本で慰安婦問題に対して、民族主義的にみる人が多いというのも知っていますが、そういう方たちは今までの私たちの30年間の活動の初期の部分しか見ていないと思います。今の活動、状況、30年前からどう成長してきたか全く知らないと思います。韓国にもそういう人がいます。問題の根本には、民族的な問題と、女性への差別や嫌悪とかがあり、その2つの問題を同時に解決していかなければならないと思います」という。活動にも展示にもそれは現れており、世界各地の武力紛争地域での性暴力被害女性への支援のための「ナビ基金」という活動を開館と同時に始め、館内では「世界の紛争と女性への暴力」で、ボスニア、コンゴ、アフガニスタン、イラク等紛争地域の戦時性暴力の実態を常設展示している。

さらに展示の最後には「被害者の歴史を超えて　加害者の歴史を見るーベトナム女性たちの痛み」として、ベトナム戦争時に韓国軍が行ったレイプ加害について、被害者の声が掲げられている。ここからも、民族問題だけではなく、人権問題、女性問題として考えるべき視点が明示されていることがわかる。

博物館には、日本からの訪問者もいるという。以前は関連する団体の見学が多かったが、最近は個人で訪れる日本人も多いそうだ。嫌韓の動きがあるなか、不安な気持ちもあるとしながら、キムさんはこのように話す。

「真実と対面したい人には来てほしいです。真実に向かい合って、自分で真実とは何か、判断できる人に来ていただきたい。慰安婦問題というのは今も続いています。体は解放されたかもしれないけど、おばあさんたちの心はそうではなく、今も日本政府への謝罪を求めています。嫌韓ということがありますが、日本人が全員それを支持しているわけではないと思います。変化というのは誰かが作り出してくれるものではなく、自分たちが力をつけて自ら変えていくものだと思うので、各個人がもっと主体性を持って活動していくきっかけになるといいと思います」。

最近韓国に興味を持ち、もっと知りたいと思った人にはぜひ見てもらいたいが、このような社会状況があることを踏まえたうえで訪ねてほしいということを伝えます、とキムさんに約束し、取材を終えた。

戦争と女性の人権博物館

住所：서울시 마포구 월드컵북로11길20
（2号線　弘大入口駅２番出口）
観覧日：火曜～土曜
11:00～18:00（日・月休館）
http://www.womenandwarmuseum.net

essay

06

水曜デモは平和だ

수요시위는 평화다

リュ・ジヒョン
류지형
日本軍性奴隷制問題解決のための
正義記憶連帯・記憶教育局チーム長

二〇一九年八月一四日、日本軍性奴隷制問題を解決するため定期的に開催されてきた水曜デモは一四〇〇回を迎えました。一九九二年一月八日、宮澤元首相の訪韓をきっかけに始まった水曜デモは、約二八年という長い間続いており、日本軍性奴隷制問題の真相究明や責任の履行などの問題解決、そして被害者の名誉と人権回復を求めてきまし

た。そして回を重ねるごとに更に多様な人々と手を組むことで、日本軍性奴隷制問題の正当な解決だけでなく、正義、人権、平和を語り合う連帯と疎通の場となりました。

#MeTooとWithYou

被害ハルモニ（おばあさん）たちは毎週水曜デモに参加して、性奴隷戦争犯罪を否定し、歴史を消そうとする日本政府に向かって「私が被害者だ！」と証言し、公式謝罪と法に基づいた賠償を求めています。そして、もう二度と自分たちのような被害者が出てはならないと、戦争のない平和な世界を作ろうと叫んでいます。ハルモニたちの叫びに女性たちが耳をかたむけて共に声を集めました。正義感の強い市民や団体が手を取り合いました。ハルモニたちの小さくても強い声は、力を増して、大きな叫び声になり、不均衡でゆがんだ家父長制が根強く残る韓国社会に女性の人権と平和を考えるための力を吹き込みました。

万人の連帯

一四〇〇回を越える水曜デモの現場では、連帯している多くの人々がいます。女性、人権、平和、統一、宗教、労働団体と学生、社会的企業、芸術家など様々な団体、組織、サークルなどが週ごとに交代で水曜デモを主管します。毎週ボランティア活動家たちが力を合わせています。そして参加者は、歌やダンスなどの文化公演や自由な発言、自作のプラカード、かけ声と歓声で水曜デモをもりあげます。#MeTooを訴える女性、セウォル号の犠牲者たち、闘争する労働者、差別に対抗する障害者、嫌悪に抵抗するマイノリティ。すべての人々がソウル・日本大使館前「平和路《ピョンファロ》」に立ち、おたがいの話を聞いて、励まして手を握ります。水曜日ごとに響いていたハルモニたちの切実な叫びを、今は正義を求めるすべての人々が自らの声で語っています。ハルモニたちの勇気を自分の目で見て、他の人の話から学び、自ら実践しています。

共に平和

一四〇〇回を越え、日本軍性奴隷制問題が正しく解決され公式謝罪と法に基づいた賠償が行われるまで、私たちの声は続きます。いかなる理由があっても暴力の犠牲とならない世界、いかなる人も、異なるという理由で差別されない世界、弱いからといって疎外されない世界。ハルモニたちと私たちが夢見る世界が実現するまで、私たちはたえまなく叫び続けます。

水曜デモは平和だ！　共に平和！

リュ・ジヒョン
日本軍性奴隷制問題解決のための正義記憶連帯・記憶教育局チーム長。水曜デモの運営を担当している。

한국 페미니즘과 우리 /4

連帯、そして日本の私たち

한국 페미니즘과 우리의 연대

Solidarity : korean feminism and us

essay

07

ガールズ・ビー・アンビシャス

소녀여 야망을 가져라

小山内園子

오사나이 소노코

まさか、あの少女像と、毎日顔を合わせて暮らすことになるとは、思ってもいなかった。

二〇一九年の夏。韓国文学翻訳院の招きで三週間ソウル暮らしをすることになった。作家や評論家とのミーティング、世界各国から集まった翻訳家との交流というプログラムはあるが、原則は、翻訳の実力向上のため、自ら目標と計画を立て実践せよ、という比較的ゆるやかな内容で、迷わず掲げたのは「ソウルで生活体験を積む」という、若干マヌケな目標だった。

ハングルを始めたのは『冬のソナタ』がきっかけ。聞かれれば臆面もなくそう話す。好きなものがあって好きになった国、でいいじゃないか、そういう翻訳者が一人くらいいてもいいじゃないか、そんな虚勢（？）もある。だが、実際に翻訳していて苦しむのはやはり生活感覚だった。生活のなかの些細なニュアンス、音や空気やにおいのようなものをどう日本語で伝えるか。朝夕の何気ない隣人との挨拶。子供が駄々をこねるときのオンマぁという言葉の抑揚。陰口や悪態といったものを、体で感じ取りたかった。

そんなわけで、他国の翻訳者は用意された素敵な宿舎で鼻歌交じりに（きっと）日々翻訳と向き合っていたが、私はというと、知人のツテを頼りに小さなアパートを短期間借り、スーパーからの配達を受け取ったりゴミの分別を間違えて怒られたりしながら悲願の生活体験を積んでいた。その場所が、梨泰院だった。

梨泰院といえば、一昔前はちょっといくと基地の鉄条網に出くわす在韓米軍基地の街のイメージだった。ところがどっこい、数年ぶりの梨泰院は基地の縮小によりソウル有数のホットプレイスに変貌していた。革製品や骨董の店は多国籍料理のレストランやおしゃれなバーにとって代わり、街には素敵なナイトライフ目当ての外国人観光客が夜ごと繰り出してくる。「生活体験」目当ての私が駅から部屋までの往復で心休められる場所は、キラキラしたメイン通りの端の方にあるダイソーだけだった。そして、そのキラキラ通りがつきるあたりの広場に、少女は座っていた。素足で。膝の上に小さく握りこぶしを作って。

梨泰院に少女像を見つけたとき、「へっ？」と思った。マヌケなことだ。ソウルで日本大使館前以外にも少女像が設置されていることを、それまで私は知らなかった。
私が出会った少女は、ソウルで十二番目に建てられた像だった。

＊＊＊

最初の少女像さえ建てられていない二〇〇七年に、日本大使館前での水曜デモに出向いたことがある。ハングルは片言、ただの冬ソナ好き韓流ファンだった私は、翻訳ではなくソーシャルワークの研修を受けにソウルに滞在していた。真冬の二月のことだった。

「あなたは水曜デモを見たこと、ありますか？」

研修先の女性団体のスタッフに、ある日、突然そう声をかけられた。たまたま給湯室でインスタントコーヒーを飲んでいる時だった。水曜デモのことはかろうじて知っていた。もしや日本の植民地支配について見解を述べよと言われるのではと身を固くしたが、彼女は私の返答を待たずに続けた。

「夏も大変だけど、冬はもっと心配なのよね。特に明日は雪の予報だし。ハルモニ《おばあさん》たち、大丈夫かなあ。年齢が年齢だから、風邪引いたら大変でしょう？」

マイカップを手にすたすたと給湯室を出ていく彼女の背中を見送りながら、明日、行ってみようと思った。見ていないこと、知らないことが多すぎた。当時の私は、冬ソナのロケ地には行ったことがあっても日本大使館前には行ったことがなかった。ひどい話だ。

予報通り翌日のソウルは雪で気温は零下七度だった。日本大使館前に座ったハルモニたちのまつげには雪片が引っかかっては落ちることを繰り返していた。足下から冷気が這い上がってくる。地面に近い椅子に座っていては、どれほど凍えるだろうと思った。デモといっても、のちに韓国で起きたような光化門前広場を埋め尽くす数万人単位のデモではない。その日はハルモニたちと支援者、メディア関係者らしき人、あわせて数十人程度の集会だった。ただテレビカメラが三台取り囲んでいるので、ハルモニの位置からは日本大使館は見えづらそうだった。若い支援者が演説する間、ハルモニたちはみじろぎもせず座っている。ふと背後に日本語が聞こえて振り返ると、はじの方で日本人男性が支援者の女性と脇で名刺交換していた。

「○○新聞の△△です。まだソウル支局に来たばかりで。宜しくお願いします」

普通に、日本語で。なんだか頭の整理がつかなくなった。誰が、誰と、どう対峙しているのか、傍観して眺めることが許される立場は誰なのか、混乱した。

その日。どれほど演説の声が熱を帯びても、日本大使館から人が出てくる気配はなかった。時間が来るとデモは終わり、ハルモニたちは用意されたワゴン車に乗り込んでいった。支援者が「みなさん今日のお昼は○○ですよ〜」と食堂の名前を連呼していた。そういえば私は、ハルモニの肉声を一度も聞いていなかった。

漠然と、「風化」という単語が浮かんだ。

研修していた女性団体で学んでいたのはＤＶ被害者のための支援だった。韓国のシェルターに出向き、まるで銃弾でも打ち込まれたように窓ガラスに放射状のヒビが入っていたことにまず驚かされた。加害者が投石した跡だと聞いて震撼した。驚いたといえばシェルターの運営マニュアルもそう。暴力から逃れてきた女性たちは滞在中、集団プログラムに参加しなければならない。その内容に書かれた文言を見て、目が点になった。

「暴力は家父長制社会の矛盾」
「女性主義《ヨソンチュイ》の観点から既存の物語を読み解けるように」
「家父長制的固定観念から脱却」

同じ仕事をしていても、日本で「家父長制」なんて言葉、口にしたことは一度もない。ひえ〜。きっと、〈ひえ〜〉という顔をしていたのだと思う。説明に当たったスタッフは「あのね、韓国では、自分が至らない妻だから殴られたと思う人がまだまだ多いんです。殴る方が悪い、とは思えないわけ。なんでかっていうと、頭にがっちり家父長制の枠をはめられてるから。それをね、まずね、外さないといけないんですよ。そしてそこに、女性主義をいれないといけないの、女性主義を！」

当時その団体では、女性の権利拡大を指す言葉として「フェミニズム」ではなく「女性主義」を使っていた。ヨソンチュイ、ヨソンチュイと、彼女の声がどんどん大きくなっていく。日本の支援の現場で、「家父長制」も、ヨソンチュイはもちろん「フェミニズム」や「リブ」も、口にしたことはない。同じ女性の側の活動なのに、ずいぶん違うな。そう思って見回すと、そもそも事務所の雰囲気が違った。妙に色味が少ないのだ。なぜだろう。寄付を募るための蝶や鳥がモチーフのグッズ、カラフルなスカーフなんかが飾られているのに。そこまで考えてハタと気づいた。スタッフがほぼ全員すっぴんで、着ているものもほぼモノトーン（唯一認識できるのはデニムの青）だったのだ。スカートを履く人はゼロ、ピアスも髪飾りもネックレスもナシ。女性のものとされるなにかをあえて身に着けないというメッセージを、体から発している気がした。

「被害に遭った女性を助けるだけが目的じゃないんです。私たちの目標は社会を変えること。そうでないと、ずっと被害者は生まれますよね。社会のほうが間違っているんだって叫ばないと。でも、こちら側はまだまだ少数派で」

研修を担当してくれたスタッフのKさんが、そうぽつんと言ったことがある。物静かで、ゆったりした語り口で、どちらかといえば人前に立つのを嫌がるタイプの人だった。

いよいよ明日帰国という日。へらへらお土産などを買いに街へ出かけると、そこで偶然Kさんを見かけた。家族連れだった。パートナーらしき男性と、小さな女の子と、Kさん。男性はKさんの腰を抱き、Kさんは女の子のおしゃべりににこにことうなずいていた。男性と女の子は、黒人だった。

もしかしたら、Kさんは仕事の場だけでなく、自分の人生でも、闘っているのかもしれない。彼女以外のスタッフもみな、切実な経験を経て、やむにやまれぬ思いで、あそこに集まっているのかもしれない。

なんと、女性が闘わなければならない国だろう。二〇〇七年の私はそう思った。自分の国は、ここまで声高にフェミニズムを叫ばなくてもなんとかなっているのだろうと思いこんでいた。愚かなことだ。十年以上経って、私たちはいま、彼女たちに声の出し方を学んでいる。

＊＊＊

梨泰院を中心にぐるぐる移動を繰り返していたこの夏、韓国の編集者や作家数人と言葉を交わした。どうしても、フェミニズムの話になった。私が会うことができた最前線の人々はみな女性で、誰もが今の日本と韓国をつなぐものにフェミニズムを挙げていたから。三十代前半の作家は、デビューの頃の出来事をそっと教えてくれた。彼女はひたすら女性を巡る問題を題材にして小説を書いている。

「デビューしたばかりで、何かの会食の席だったと思う。ある男性作家にこう言われたんです。『君の作家としての将来が心配だ。なんでそう、母親と娘の話ばっかり書く？』って。もちろん、悪い意味じゃないんでしょう。本当に心配そうでしたから。もっとスケールの大きいことを書けと、叱咤激励するつもりだったんだと思います。でも、そういう母親や娘の話こそ、語られてこなかったじゃないかって思って。だからますます、書いてるんです」

その頃、ニュースではさかんに日本の地名が報道されていた。あいちトリエンナーレの企画展「表現の不自由展、その後」の中止は、大きなトピックだった。作家の話を聞いた帰り道、いつものように梨泰院の少女像の前に行くと、そんなニュースとは一切関係ないかのように、少女の周りは静かだった。

蝉時雨を浴びて、ただひとり座っている。小さな握りこぶしをつくって。だがよく見ると、素足の脇に、小さな花が置かれていた。花束や切り花ではない。どこかから摘んできたような野の花が数本。もうかなりの時間強い日射しを浴びたのだろう。茎の端の方が干からびて黒くなっていた。

なぜだかわからない。でもその花を見た瞬間、頭の中でなにかが弾けたような気がした。水曜デモで並んでいたハルモニたち。肌の色の違う家族と歩くKさん。母親と娘の物語。記憶。なかったことにしないこと。続けること。少なくてもこの国では、そうやってわずかずつでも、自分たちの住む社会を変えようとしている。諦めていない。記憶喪失にならない（ドラマではよくあるけど）。知らんふり、していない。それがどれほど勇気と忍耐と時間を要することか、今の私ならわかる。十年以上前は、わからなかったことが。

帰国が近づき、近所のクリーニング屋に預けていた服をとりにいった帰り道。近所の公園で、女の子たちがサッカーボールを蹴っていた。ほう。滞在中男の子がサッカーをしているのはよくみかけたけど、この公園で女の子ははじめてだ。面白がってカシャカシャ音を立てるクリーニングのビニールの袋を腕にのせたまま眺めていると、そばのベンチで夕涼みしていたおばあさんが教えてくれた。

「あの子たちねえ、今日場所取りに勝ったんだよ。男の子を言い負かしてね。おもしろかったよ。女の子も、どんどんサッカーやったらいいんだ。やりたいことやったらいいんだ」

そうして、その夕涼みおばあさんはすっくと立ち上がると、彼方を見やっておもむろに右手を挙げ、人差し指で遠くを指しながら「ガールズ、ビー、アンビシャス」と言ったというのは嘘で、もちろんそんなドラマのようなことは起きなかった。実際のおばあさんは、ノーブラの薄い半袖の胸元に小さな扇風機を突っ込んで、「日が落ちても熱いね。あんた腕、汗!」と言っているだけだった。

でも、私には聞こえるような気がしたのだ。「ガールズ・ビー・アンビシャス」と（英語だけど）。

必死にボールを追う少女たちの子鹿のような動きを眺めながら。また、私の中で新しい十年が始まった気がした。

おさない・そのこ

東北大学教育学部卒業。社会福祉士。二〇〇七年、社会福祉士として派遣された韓国「ソウル女性の電話」にて、差別や暴力被害に苦しむ韓国の女性たちの現状を知る。訳書に、姜仁淑『韓国の自然主義文学 ── 韓日仏の比較研究から』（クオン）、キム・シンフェ『ぼのぼのみたいに生きられたらいいのに』（竹書房）、『私たちはことばが必要だ　フェミニストは黙らない』（共訳、タバブックス）、『四隣人の食卓』（書肆侃侃房）など。

essay 08

フェミニストであることが一番収まりがいい

페미니스트인 것이 가장 이치에 맞다

小川たまか
오가와 다마카

今年の六月にソウルへ行ったあと、ツイッターのアカウント名を「小川たまか＊페미니스트」としてみた。「페미니스트」は「フェミニスト」。ミーハーでニワカっぽいけど、まあいいじゃん！と思って。うんざりするような嫌韓ムードとはいえ、これだけで何か絡まれるというようなことはなかったのだ

けど、一度だけこんなことがあった。印章・スタンプの製造メーカーである「シャチハタ」が、痴漢などの迷惑行為防止スタンプを作りテスト販売を始めたと八月末に報道されると、ニュースコメント欄は案の定、痴漢冤罪を心配する人のコメントであふれた。

私はツイッターでつぶやいたのだった。

「これだけ『痴漢といえば冤罪』って思ってくれる人が多いんだからさぞ痴漢にとって住みやすい国だろうと思う」

こういうツイートが感情的な批判に晒されることは経験上、よく知っている。どうせ来るだろうなと思っていたアホなコメントの中には「安定のハングル」って一言が含まれていた。

アカウント名にハングルを使っている→在日認定→聞く価値ナシ！

そのような思考だと推察する。「安定の〇〇」というネット上の常套句を使い、この差別的な意図を読み取れる人との間で、「聞く価値ナシ！」であるという認識を共有しているのだろう。まるでポンとシャチハタを押すみたいに、お手軽に在日認定。そして発言の無効化。

私はいわゆる「女性問題」についてツイートするときに飛んでくる罵倒に、ビビっていることがあった。自分が間違いを言っていないか、言い方を間違えていないかという怯えがいつもあった（それを払拭し、「クソリプしてくるのはただのセクシストじゃん」って思えるようになったのはイ・ミンギョンさんの『私たちにはことばが必要だ　フェミニストは黙らない』を読んで訓練したから）。

一方で、こうやって「安定のハングル」とか言ってくる人にはまったくビビらない。「ただのレイシストじゃん」と、簡単に無視していられる。それは私が差別される当事者ではないからだと思う。当事者ではないから、怒りはしても、それほど傷つかずにいられる。レイシストの発言に傷つかないなんて当たり前かもしれないけど、でも傷つかずにいられることに申し訳なさも感じる。

日本と韓国の問題。本来、日本人と韓国人全員が当事者のはずなのに、「在日韓国人」と呼ばれる人への差別については、当事者ではなくなってしまう。当事者ではない……？　そこまで考えて気づくのは、自分は差別する側として当事者なのだということ。

ソウルでは、初日に訪れた「戦争と女性の人権博物館」が一番印象深い。日程的にこの日にしか行けず、空港から直接向かって閉館の四十分ほど前にギリギリ滑り込めるスケジュールだった。ここは、日本軍慰安婦についての資料を保存するためのミュージアムだ。

入り口の小さなドアを開けると暗い照明の中に受付スペースがあり、チケットを買ってから別のまた小さなドアを開けて展示へと進む。そこまでもそこからの仕掛けも、今まで行ったどんな博物館とも違った。

ドアを開けると、壁に囲まれた細い砂利道に出る。そこでは爆撃の音が遠く響いていて、戦地に連れられた少女たちの不安や混乱を追体験できるようになっている。その先の階段を下り、地下の展示スペースに入る。息の詰まるような狭い空間が続く。

地下から階段を上がるかたちで展示が続くのだが、階段の横には、韓国語と英語、そして日本語で「声」が綴られている。

「この私が生き証人なのに日本政府はなぜ証拠がないと言うのですか?」

「同じ苦しみを味わった女性たちの希望になりたい」

縦移動でたどり着いた最後の展示スペースはベランダ。そこにはハルモニたちの名前が刻まれ、来訪者が一人ひとり花をたむけられる。閉塞感のある地下と、外の景色が臨める追悼の場のコントラスト。それは過去の悲惨さと未来への希望を意味するのではないかとも思った。

戦時下でsex slaveにされた女性たちの歴史を、見て聞いて触って知ることができる展示。歴史を知ることの役割(彼女たちの立場からすれば歴史を伝えるという意志)を、こんなにまざまざと感じさせられたことはない。過去の歴史の中に私はいなかったが、証言に耳を傾けることで当事者のあとに続くひとりとなる。知ることは追悼であり、祈りである。

閉館時間を過ぎてしまっても、「戦争と女性の人権博物館」スタッフの女性は私たちを急かさなかった。大きな主語で語ってしまうが、日本人は韓国人のことをよく「感情的」だと言いたがる。泣いたり怒ったり叫んだり、うるさいと。きっとそういうことを言う人たちは、この静かな博物館を見ても、押し付けがましく感じるのだろう。かつての少女たちへの鎮魂の思いが込められた、この博物館を見ても。

見えているものがまるで違うし、選ぶ言葉が違う。

私がフェミニストであろうとして言葉を選ぶのは、レイシストやセクシストに屈しないためでもあるけれど、言い換えればそれはつまり、当事者として声を持つためには、あるいは差別され搾取された当事者に寄り添い続けるためには、あるいは加害した側として被害に向き合うためには、フェミニストでいるのが一番収まりがいいということだと思う。

誰かの尊厳を守るために、自分の傷つきを無視しないこと。自分の尊厳を守るために、過去の間違いを直視すること。研ぎ澄ませていけば、いつか人の心を開けるだろうか。国と国との問題を貫けるだろうか。

おがわ・たまか

一九八〇年東京都生まれ。ライター、性暴力の被害当事者とメディアが、より良い報道を考える「性暴力と報道対話の会」の運営スタッフなど。『「ほとんどない」ことにされている側から見た社会の話を。』（タバブックス）は初の著書。

日本の読者がK文学に見つけたもの

일본 독자가 K문학에서 발견한 것

倉本さおり
구라모토 사오리

●呼び水となった『82年生まれ、キム・ジヨン』

韓国で百万部越えの大ベストセラーとなった、チョ・ナムジュの『82年生まれ、キム・ジヨン』。日本でも二〇一八年十二月に刊行されるや、各所でまたたくまに話題となり、現在（二〇一九年九月）の発行部数は十三万部。出版不況が叫ばれ、海外文学の初刷部数の目安が二〜三千部といわれているなか、この売れ行きは異例中の異例と呼ぶほかない。

驚くべきは数字よりも、実際の反響の大きさ——これまでの出版ムーブメントにはあまり見られなかった、周囲に確実に伝播していく「熱」のようなものだ。その最たるものが、翌年七月に発行された河出書房新社の季刊文芸誌『文藝』（二〇一九年秋号）「韓国・フェミニズム・日本」特集の二度にわたる増刷だろう。即日予約のみで完売しても注文の勢いは止まらず、三刷で累計一万四千部。ちなみに同誌が増刷するのは創刊号以来、じつに八十六年ぶり。そもそも文芸誌の重版自体、めったにない慶事だったりする。『キム・ジヨン』の訳者・斎藤真理子は当初、日本でこの本がどのように受け止められるか不安な部分が大きかったというが、「出版と同時に、読者の切実な声がぴんぴんと響いてくるような反響」に接して驚いたと話す。例えば二〇一九年四月、女性向け人気ファッション誌『VERY』では「『82年生まれ、キム・ジヨン』が私たちに問いかけるもの。」と題した特集が組まれ、作家やジャーナリスト、漫画家や翻訳家など各方面で活躍する書き手から長文のコメントが寄せられた。

私は83年生まれですが、同世代にとっての「あるある」がすごく多い小説なので、違う国の話、他人事とはとても思えませんでした。（中略）この本を読むと、こういうのが「普通」なのだから仕方ないとあきらめていたことの一つひとつが、「ヤバイことだったんじゃ？」と気づかされます。

深緑野分（小説家）

自分にとって生きづらいこの社会を変えなくちゃ、変えていこうと願う女性たちに手を取り合っ

essay

09

てゆこうと促す力が、本書にはあると私は確信しています。

温又柔（小説家）

他にも、日本語版の版元である筑摩書房の特設サイトには、一九五四年生まれから一九九九年生まれまで、まさに老若男女問わずおびただしい数の熱い感想が寄せられている。そうした声に呼応するように、各地の書店では他の韓国の小説やエッセイといっしょに並べたフェアが展開され、ラジオ番組でもその盛り上がりにスポットを当てた特集がたびたび放送された。つまり、現在の韓国文学に対して向けられている人びとの熱には、ひとつの地点にとどまらない波及的な力の存在があると考えられるのだ。

●K文学ブームの素地となったもの

目下の一大ムーブメントの呼び水となったのは確かに『キム・ジヨン』だが、実は三〜四年ほど前から読書好きのあいだでは――とりわけコンテンポラリーな海外文学に興味を示す二十代〜四十代の比較的若い世代を中心に、「韓国文学が今、アツい」と言われるような状況はすでに整っていた。

おそらく最初の波はパク・ミンギュの短篇集『カステラ』（ヒョン・ジェフン、斎藤真理子＝訳、クレイン）。二〇一四年に日本語に訳されたこの作品集が、同じ年に創設された日本翻訳大賞の大賞を受賞したことは、一般の読者や出版関係者の目が「韓国の小説」へと向かう契機になった。

日本では一九七〇年代頃から韓国文学の翻訳書が刊行されていたが、歴史や政治に紐づいた物語――

すなわち日帝時代、朝鮮戦争、軍事政権や民主化闘争といった、いわゆる大文字の社会的テーマを真正面に据えた重厚長大な物語が中心で、二〇〇〇年代までは読者層がほぼ固定化されていたといってもいい。版元も規模の小さな出版社がほとんどで、在日コリアンの尽力に依拠するところが大きく、大衆的な媒体で紹介される機会は限られていた。誤解を恐れずにいえば、それまでの「韓国文学」とは、日本の読者にとっては馴染みのないものだったわけだ。

ところが、パク・ミンギュの『カステラ』は違った。前述の日本翻訳大賞受賞をきっかけに本書を手にとったライターのひとりは、次のような感想を読書系ニュースサイトに綴っている。

私は稲妻のような衝撃を受け、そしてこれまで韓国文学に興味を持ってこなかったことを後悔した。（中略）

本書は「カステラ」から始まる全十一編の短編小説から成る。そのどれもが、有り体に言うと、「独特」。淡々と進む、天衣無縫な哲学的考察。ハードボイルドで、しかしほろりとさせてくる、そんな文体が癖になる。

（ダ・ヴィンチニュース「【日本翻訳大賞受賞作】こんな面白い小説が隣国にあったなんて。今注目の韓国文学」https://ddnavi.com/review/441009/a/）

〈この冷蔵庫は前世で、フーリガンだったのだろう〉〈それで、僕は大切なものや害悪を及ぼしうるもの——たとえ、それがアメリカとか象であろうとも——をとにかく冷蔵庫に入れてしまうことにした〉(「カステラ」)。そんなポップであけっぴろげなユーモアのセンス、あるいは鷹揚なペーソスとでもいうべきもので彩られたテクストは、従来の韓国の小説に貼りついていた厳めしく重苦しいイメージを吹き飛ばし、同時代のボーダーレスな言葉のつらなりに昂揚する読み手に鮮烈なショックを与えた。

また二〇一六年には、すでに日本語訳が刊行されていたハン・ガンの傑作『菜食主義者』(きむ ふな=訳、クオン)が、世界的に権威があるマン・ブッカー国際賞をアジア人で初めて受賞したことが大きなニュースに。興奮した読者は蒙を啓かれたように「韓国文学」の棚にも目を向けるようになっていった。

そこで重要な役目を果たしたのが、クオンという出版社が二〇一一年に立ち上げた「新しい韓国の文学」シリーズ。レーベルとしての統一感を感じさせるスタイリッシュな装丁(アートディレクションは寄藤文平)は、読者の所有欲を刺激しただけではない。それまで中国や台湾の作家といっしょに「アジア」というざっくりとしたカテゴリーで括られていた状況を脱し、「韓国文学」として書店の棚の一角を確保する一助にもなったことはここで強調しておくべきだろう。その後、一六年に書肆侃侃房から「韓国女性文学シリーズ」が、一七年に晶文社から「韓国文学のオクリモノ」(全六巻)というシリーズが、一八年に亜紀書房から「となりの国のものがたり」というシリーズが立ち上がり、気づけば「韓国文学」は一大ジャンルとして認識されるように。ここ二年ほどはセレクト型の個人書店で好調のジャンルを訊ねると、「韓国文学！」という答えが即座に返ってくるような状況が続いていた。
一方、平準化されたデザインはドメスティックなイメージを漂白し、固定観念なしに読者のもとへ言葉を届けるのに役立つ。そうして立ちのぼってきた場面は、感情は、人生は、とりわけ同世代の読者の心を力強くノックしたのだ。

●IMF世代とロスジェネの共鳴

現在、日本で翻訳が相次いでいるのは、主に三十〜四十代の女性作家たちだ。例えば、二〇一八年に『誰でもない』（斎藤真理子＝訳、晶文社）という作品集と『野蛮なアリスさん』（斎藤真理子＝訳、河出書房新社）という中篇の二冊が日本語訳されているファン・ジョンウン。同年四月に行われた来日イベントにも多くのファンが集まった彼女の小説は、各誌のレビュアーから熱い賛辞を受け、現在のK文学ブームをいち早く牽引した。

それぞれの話の登場人物はどこにでもいる人々だ。それは韓国人でもあり、日本人でもあり、あなたであり、私である。日常がリアルに息づいていて、何度も何度も「あるあるある！」とつぶやいてしまう。

（『産経新聞』評者：中原かおり）

なにげないはずの暮らしが当たり前のようにすこしずつ破綻していくさまが、静かな筆致で描かれる。（中略）どうしようもないと看過されるような失敗や敗北が繰りかえし描かれる結果として、空気のようにただよう曖昧な暴力の存在が、確実に読者へと突きささる。

（『文藝』評者：五井健太郎）

韓国にある時から巣食うようになってしまった閉塞感を、なんでもない日常のなかで発せられる声によって表現している。そのような小説家は今自分のいる世界の欠落を物語によって読者に感じさせようとしているのだろう。

（『週刊読書人』評者：長瀬海）

例えば、「ヤンの未来」という一篇。書店員の〈私〉は、ひとりの少女が不審な男たちといっしょにいる場面を目撃するものの、閉店間際の業務の忙しなさに押し流されるようにして見過ごした結果、彼女が殺害された事実を後で知ることになる。また、「誰が」という一篇では、無遠慮すぎる隣人の騒音と、そんな劣悪な環境にしか住めない自分の将来への不安に押し潰され次第に常軌を失っていく〈私〉の姿が書きつけられ、「わらわい」という一篇では、感情労働全開のストレスフルな日々のなかで笑顔を貼り付け続けるうちに、笑うことを止められなくなってしまった〈私〉の姿が描かれる。

ファン・ジョンウンの小説で一貫して描かれるのは、苛烈な格差社会の中ですり減っていく人びとの声にならない悲鳴だ。それはＩＭＦ危機以降の韓国社会の構造を象徴していると同時に、九〇年代のバブル経済の崩壊後、ロストジェネレーションと呼ばれ長引く不況の下で消耗し、いつのまにか貧しさから抜け出せなくなっていた日本の〈私〉たちの心象風景ともぴったりと重ねられるものでもある。ただ、両者の相違を挙げるとすれば、それは弱者がさらに弱い者を踏みつけてしまう瞬間のリアルで痛ましい感触が自覚的にすくいとられているように見える点。これは例えば、キム・ヘジンの『娘について』（古川綾子＝訳、亜紀書房）で描かれているもの――六十代にして重労働の介護職に非正規で従事する母親と、充分な教育を受け自らも励んだにもかかわらず生活に困窮する非常勤講師の娘が、不安や憤りや余裕のなさを互いにぶつけてしまう様子にも表れていると考えられる。

●「セウォル号以降」と「3・11以降」

二〇一八年に日本語訳され、ファン・ジョンウンと同様に好評を博したキム・グミの作品集『あまりにも真昼の恋愛』（晶文社）の「解説」の中で、訳者のすんみは次のように語っている。

二〇一四年に四月一六日に起きたセウォル号事件は、韓国人のこれまでの価値観を根底から覆す出来事だった。人々は、どうしてこのような事件が起きたのかを問い、どうして三〇四名もの命を助けられなかったのかと問うた。少しずつ事件の全貌が明かされると、そもそも国家とはなにかという根本的な疑問が湧き上がった。多くの人は自分がこのような社会を作ってしまった「加害者」だという意識に悩まされると同時に、自分も結局は国家から保護されない未来の「被害者」だと恐れを抱いた。

同書に所収された「普通の時代」という一篇のなかには、ちょうどこの意識を皮肉な形で反転させた、印象的な台詞が登場する。〈「先生、忘れることはできないけど、なんでこういうことになったのか、誰がどうやって人を殺したのか、誰がいちばん悪いやつか、そんなことは考えないようにしますね。普通のことじゃなさそうだけど、僕は頭が悪いから、普通にもなれないやつだから、僕がいま考えてみたってなんにもならないでしょ」〉。その言葉の切っ先は、3・11——すなわち東日本大震災の後に思考停止に陥り、当事者である自覚を持たないままその記憶をあっさりと風化させつつある私たち日本人を鋭く穿つものでもあるのだ。

日本の五大文芸誌のひとつ『すばる』において、ちょうど改元に合わせて「平成と文学」という大特集が組まれた際、文芸批評家の江南亜美子は「覚醒せよ、と小説は言った——現代韓国文学のブームに寄せて」と題した論考を寄せている。そこで彼女は『キム・ジヨン』をはじめ、イ・ミンギョンの『私たちにはことばが必要だ　フェミニストは黙らない』(すんみ、小山内園子＝共訳、タバブックス)、キム・ヘジンの『娘について』、ハン・ガンの『菜食主義者』や『すべての、白いものたちの』(斎藤真理子＝訳、河出書房新社)といった作品群に触れ、社会構造の歪みや偏りに向けられた視線を丁寧に検証すると同時に、日本社会が平成の時代に解決できずに〈積み残した扱いづらい荷物〉について考察している。その厄介な〈荷物〉を次の時代に向けてほどくための糸口を、私たちは今まさに韓国文学に見出しているのだともいえるだろう。

●「日本人女性が同じテーマで書いたら批判も多かった」

日本で最も売れている総合週刊誌『週刊文春』の女性版として新たに創刊された『週刊文春WOMAN』。その第二号において、「韓国フェミニズム文学がわたしたちを虜にする理由」と題した特集が七ページにわたって組まれた。そこでは日本における韓国文学の出版状況の移り変わりが一般読者にもわかりやすく解説されると同時に、前述のハン・ガン、ファン・ジョンウン、キム・ヘジン、キム・グミをはじめ、「いま読みたい韓国女性作家10人の10冊」と題してチョン・セラン、チェ・ウニョン、チョン・ジア、ピョン・ヘヨン、イ・ラン、ファン・インスクの作品が紹介されている。

特集のナビゲーターを務めた斎藤真理子は、「ミソジニー（女性嫌悪）殺人」として多くの議論を呼んだ江南駅通り魔事件の概要に加え、日本で相次いだ性暴力事件の告発や政治家たちによる女性差別むきだしの不適切発言、そして東京医科大学で女子受験生に対し長年にわたってマイナスの得点操作が行われていた一件（！）などに言及。日韓にまたがって根を張る、儒教的な家父長制由来のジェンダーバイアスの問題を往還しながら、韓国の女性作家たちの作品に対する日本の読者の共感の在り処を読み解いている。

ここで気になることがひとつ。それは編集部が冒頭のリードに寄せた文言だ。〈従来、フェミニズムには距離感を保ってきた日本女性が、なぜ本書には共感を寄せるのか?〉。そう、たしかに私たちは、これまで「フェミニズム」という言葉に対して身構えるきらいがあったことは否めない。

次世代を担う、新しい歴史ミステリの書き手として注目を浴びている八三年生まれの小説家・深緑野分は、前述の『VERY』誌上で組まれた『キム・ジヨン』特集に寄せたコメントの中で、周囲の同世代の女性たちが〈知的で自分の考えをしっかり持っている〉にもかかわらず、〈それを表に出すタイミングをはかったり、どんな言葉を使うべきなのか気を使ってすぐには発言しない人が多い〉ように思うと述べた後、こんなふうに続けている。

日本では柚木麻子さんの作品のように、ストーリーの中に女性の生きづらさや苦しみを織り込んだ作品はあったものの、これほどまでに直接的に現状を書き連ねた小説はほとんどなかった気がします。日本人女性が同じテーマで書いたら批判も多かったでしょう。韓国のベストセラー小説として、女性の現状が冷静に受け入れられたことも、この本が翻訳されてよかった点だと思います。

日本のフェミニズムに関していえば、八六年に男女雇用機会均等法が、九九年に男女共同参画社会基本法が施行されるなど、法整備へとつながるような論理的な蓄積はあったものの、あくまでそれらは思想や学問の領域に押しとどめられ、囲い込まれることで、日常の世界から切り分けられていたように思える。いわば「フェミニズム」「フェミニスト」という言葉自体が生活から分離され疎外されることで、長らく「分断統治」がなされていたわけだ。

ところが、日本より四十年遅れて民主化を果たし、「フェミニスト」に対する嫌悪感も日本以上に強いはずの韓国で、このようにはっきりと「声をあげる」作品が続々と生まれている――その事実は、日本の読者が自分たちの現状を客観視するきっかけとなったのみならず、有機的なエンパワメントの流れをも呼び覚ましたといえるだろう。

●日本の女性作家たちが希求する「連帯」の姿

韓国ではピョン・ヘヨンの『ホール』が受賞したことでニュースとなったシャーリー・ジャクスン賞。今年、その短編部門に「女が死ぬ」という一篇でノミネートされている松田青子は、近年の日本のフェミニズム文学を牽引してきた若手作家のひとりで、どことなくパク・ミンギュを思わせるところもあるシャープでポップな作風の持ち主だ。一六年に刊行された連作短篇集『おばちゃんたちのいるところ』（中央公論新社）は、歌舞伎や落語、民話の形で語り継がれてきた怪談を下敷きにしたユニークな連作短篇集。しがらみや因習、社会規範の犠牲になり、怨念や情念のあまり化けて出ることになった死者の女性たちのエネルギーが、いまを生きる女性（や男性）たちをエンパワメントしていく過程はユーモラスで痛快だ。

古くから物語の鋳型の中で「女性」あるいは「男性」が理不尽に担わされ続けてきた役割――つまり差別的なジェンダーロールの「呪い」に批評的に光を当てるというスタイルは、ここ数年の日本の文芸シーンで目立つ流れのひとつでもある。例えば、『キム・ジヨン』と同じく一八年に刊行された、はらだ有彩の『日本のヤバい女の子』（柏書房）は、日本の神話や昔話、あるいは古典作品に登場する「女の子」に対する抑圧に満ちた役割に着目したエッセイ。彼女たちの姿に現代の観点から寄り添い、ふるい落とされた言葉を拾いあげるだけでなく、共に声をあげながら怒りを表明していく鮮烈なスタイルが読者の心を掴み、版を重ね続けている。

時代を超えた共感と、国境を越えた共感。垂直方向と水平方向の違いはあれど、私たち日本の読者が韓国の文学作品を介して自分たちの社会の構造的な問題をまなざし、認識をアップデートしていく試みもまた、こうした流れと同根だろう。そしてそれは、文学が社会の不均衡に対して講じ得る、とびきり冴えた「連帯」の姿ではないだろうか？

もうひとつ、一八年に日本語訳が刊行された韓国のベストセラー小説のなかに、チョン・セランの『フィフティ・ピープル』（斎藤真理子＝訳、亜紀書房）という作品がある。現在四刷と、こちらも翻訳物としてはかつてないほど好調な売れ行きを示している。日常の生活とおびただしい数の死が隣り合わせにある大学病院とその周辺の街を舞台に、国境も世代もセクシャリティも異なる人びとが、せいいっぱい手を伸ばすことで全き「連帯」を果たしていく――最終章で描かれるのは、誰も社会の「脇役」に甘んじることのない、力強い情景だ。それは、セウォル号事件の「有り得たかもしれない結末」を示すと同時に、もはや悲劇を繰り返すまいと決意した人びとの篤実な祈りが込められているのだろう。この物語が、海を越えたこの国で着実に版を重ねている事実に改めて希望を感じている。

本稿は、ソウル文化財団が発行する文学ウェブzine「ビユ」(view.sfac.or.kr)の支援により執筆されている。

くらもと・さおり
書評家/ライター。毎日新聞「私のおすすめ」、小説トリッパー「クロスレビュー」のほか、文藝「はばたけ!くらもと偏愛編集室」、週刊新潮「ベストセラー街道をゆく!」連載中。共著に『世界の8大文学賞 受賞作から読み解く現代小説の今』(立東舎)。

韓国
あたらしい
フェミニズムの本

選書・解説　木下美絵

2015年のフェミニズムリブート、さらに2016年江南駅付近殺人事件以降、韓国ではフェミニズム関連書籍が数多く出版されている。人文書、文学、コミック、ZINE、さまざまな表現でフェミニストたちは発信を続けている。ほとんどが未邦訳なので、タイトル、著者、出版社のハングル表記を記載した。韓国の書店やネットで見つけてみてください。

人文

フェミニズム・リブート――嫌悪の時代を突き破ってきた声たち
페미니즘 리부트—혐오의 시대를 뚫고 나온 목소리들

ソン・ヒジョン　손희정

著者ソン・ヒジョンは大衆文化の視点からフェミニズムを考察してきた、韓国を代表するフェミニスト論客のひとり。2015年以降の韓国において再びムーブメントとなったフェミニズムをめぐる様相を、映画業界でしばしば使われる「リブート（基本設定は変えず新たな作品を作ること）」という言葉を用い、「フェミニズム・リブート」と名付けた人物でもある。本書は2部構成。1部では80年代末からの政治状況や現代の韓国社会に噴出する嫌悪感情を経て「フェミニズム・リブート」に至るまでを理論的に説明。また2部では韓国の映画やテレビ番組を多数事例として挙げフェミニズム文化批評とは何か、その可能性について論じている。

ナムヨンピル
나무연필／
324ページ／
2017年8月

MeTooの政治学　미투의 정치학

チョン・ヒジン、クォンキム・ヒョンヨン、ルイン、ハン・チェユン
정희진, 권김현영, 루인, 한채윤

2018年初頭、検察幹部からの性的嫌がらせを女性検事が告発した一件を機に韓国の社会全般に急速に拡散した#metooの動き。文化、芸術、スポーツなど各界で女性たちの勇気ある告白が続く中、翌年には当時有力な次期大統領候補だった元知事が女性秘書の性暴力告発により政界を退き、司法による実刑判決を受けた（通称「安熙正（アン・ヒジョン）事件」）。本書はこうした近年韓国で起きた一連のMeToo運動の事例と、安熙正事件を中心にその争点を分析。韓国女性にとってMeToo運動とは何なのか、結果的に社会は変わったのか。MeToo運動以降、韓国社会が模索すべき方向、課題について考察した一冊。

キョヤンイン
교양인／
196ページ／
2019年2月

人文

大韓民国ネットフェミ史——私たちにも光と陰の歴史がある
대한민국 넷페미史—우리에게도 빛과 그늘의 역사가 있다

クォンキム・ヒョンヨン、パク・ウナ、ソン・ヒジョン、イ・ミンギョン
권김현영, 박은하, 손희정, 이민경

2016年以降、爆発的に拡大した韓国フェミニズムをけん引した存在といえば「ネットフェミ」、つまりオンラインコミュニティやSNSを中心に活動する若いフェミニストたちだった。本書は1990年代から最近までの、韓国におけるネット上でのフェミニズム活動をたどることができる一冊。パソコン通信に始まり、その後飛躍的な発展を遂げた韓国のネット空間でフェミニストたちは何を行い、どんな壁にぶつかってきたのか？「ネットフェミニズム」をテーマに、文化評論家のソン・ヒジョン、『私たちにはことばが必要だ』の著者イ・ミンジョンら多様な世代のネットフェミ４人が登壇し、えんえん7時間にわたり盛況を呈した講義を書籍化。

ナムヨンピル
나무연필／
212ページ／
2017年1月

通りに立ったフェミニズム——女性嫌悪を止めるための8時間、28800秒の記録
거리에 선 페미니즘—여성 혐오를 멈추기 위한 8시간, 28800초의 기록

著：コドゥンオ他41人　編：韓国女性民友会　解題：クォンキム・ヒョンヨン
고등어 외 41인 (지은이), 한국여성민우회 (엮은이), 권김현영 (해제)

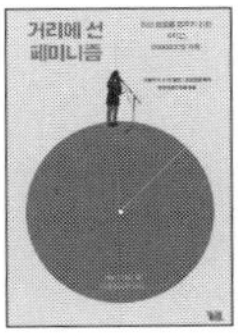

韓国社会を騒然とさせた江南駅殺人事件から数日後。女性に対する暴力の根絶を訴える自由スピーチの場がソウルを代表する学生街・新村(シンチョン)に設けられた。飛び入り参加も含め40人あまりのスピーカーたちがマイクを手に語ったのは、女性というだけで経験したやり場のない不快感、恐怖と不安がつきまとう日々の断片だった。駅構内を埋め尽くす美容整形の広告、タクシー運転手のタメ口、職場の上司によるセクハラやパワハラ。韓国の女性たちが日常で遭遇する差別の実情、韓国社会で女性として生きていくとはどういうことなのかがリアルに伝わってくる一冊。

クンリ 궁리／
212ページ／
2016年11月

敏感さを教えます——教室を変える12のジェンダー授業
예민함을 가르칩니다—교실을 바꾸는 열두 가지 젠더 수업

初等ジェンダー教育研究会アウトボックス
초등젠더교육연구회 아웃박스

男は仕事、女は家事。子どもたちの心に深く染みついた、性別に対する固定観念。韓国ではこうしたジェンダーバイアスの問題を学校教育を通じて改善するための取り組みも活発に行われている。本書の書き手はソウル近郊・高陽(コヤン)市の小学校教師が結成したジェンダー研究会「アウトボックス」のメンバーたち。性平等な学級を作るために教師たちが試行錯誤の末に実施した多彩かつ個性的な授業を紹介している。授業の構成、授業中に見られた子どもたちの様々な反応、またそれに教師はどのような言葉で応えたのか。授業後に起こった生徒・学校・保護者それぞれの変化にも注目。

ソヘムンジッ
서해문집／
288ページ／
2018年9月

脱コルセット：到来した想像　탈코르셋 : 도래한 상상

イ・ミンギョン　이민경

女性が性差別から自らを守るための会話マニュアル本として、日本でも関心を集めた『私たちにはことばが必要だ——フェミニストは黙らない』。その著者イ・ミンギョンが満を持して発表した最新刊は、職場でのヒール着用義務に異議を唱える日本の#KuToo運動とも相通ずる韓国の「脱コルセット」運動がテーマ。ノーメイク、ショートカット、パンツルックと、女性の外見が重視されてきた美容大国・韓国で近年急増する、従来の女性らしさに抵抗する若い女性たち。彼女らはなぜ、何のためにコルセットを脱ぎ捨てたのか。脱コルセットを実践した韓国各地の女性たちと著者自らが会い、インタビューを実施した約１年間の記録。

ハンギョレ出版
한겨레출판／
396ページ／
2019年8月

エッセイ

私は男で、フェミニストです　저는 남자고, 페미니스트입니다

チェ・スンボム　최승범

著者は「セックス！」なんて単語が突然脈絡もなく飛び交う全校生徒800人の男子高で国語教諭として勤務する30代の男性。「男は人生で3回しか泣いてはいけない」など、幼い頃から強くあることを求められ、またそうあらねばならないと信じてきた。そしていつしか身についてしまった女性に対する無意識の偏見。そんな彼がフェミニズムに関心を持ち、学びはじめたきっかけとは？「男だからこそ学ぶべきでしょう」と話す著者が、男子校という自身のフィールドでフェミニスト男性教師として教え子たちと向き合ってきた日々についても紹介。「フェミニズムって女性のためのもんでしょ」まだそう思い込んでいる人におすすめしたい一冊。

センガゲヒム
생각의힘／
200ページ／
2018年4月

フェミニストも結婚しますか──結婚した女性たちのフェミニズム
페미니스트도 결혼하나요?—결혼한 여자들의 페미니즘

オンマフェミニズム探究会プノミ
엄마페미니즘탐구모임 부너미

「母、妻、嫁、娘として感じる悩みを文章で共有したい人を募ります」──。SNSの呼びかけで集まった11人の既婚女性たちによる随筆集。幸せな家庭を維持するのに必要な女性の犠牲、忍耐、譲歩、そして沈黙。それらが昔ながらの慣習や社会的通念という大義により隠れてしまう現状や、韓国で既婚女性がフェミニズムを実践することの難しさなどについて綴られている。『82年生まれ、キム・ジヨン』の刊行から3年。小説が投げかけた問題意識は韓国の女性たちにどう受け止められ、その後どんな形で彼女らを動かしたのか。今日を生きる、また別のジヨンたちによるリアルストーリー。

図書出版ミンドゥルレ
도서출판 민들레／
248ページ／
2019年2月

私は自分のパイを求めるだけで人類を救いに来たんじゃない
──自分の分け前を取り返したい女性たちのための野望エッセイ
나는 내 파이를 구할 뿐 인류를 구하러 온 게 아니라고
—자기 몫을 되찾고 싶은 여성들을 위한 야망 에세이

キム・ジナ　김진아

女性にもっと多くのパイを！　男性側に傾き過ぎているパワーバランスを正しく整え、家父長制という毒を断ち切るために、いま女性に必要なのは「野望」と「連帯」！　数々の有名広告を手がけたコピーライターであり、女性たちのネットワーキングスペースとして多彩なイベントも主催するソウル・漢南洞（ハンナムドン）の人気カフェ「ウルフソーシャルクラブ」の代表キム・ジナによるエンパワメントエッセイ。脱婚とフリーランサーへの転身という二つの大きな転機を経験した40代の筆者が、近年急速に増加する若い世代のフェミニストと非婚女性に贈るメッセージ。

パダ出版社
바다출판사／
164ページ／
2019年4月

小説

屋上で会いましょう　옥상에서 만나요

チョン・セラン　정세랑

『アンダー・サンダー・テンダー』、『フィフティ・ピープル』でおなじみ、日本でも人気の高い作家チョン・セランの短編集。1着のレンタルドレスを借りた44人の女性をめぐる物語「ウェディングドレス44」、職場でのあらゆるハラスメントに疲れ切ったアラサー女性が会社の屋上で運命の人を怪しい儀式で呼び寄せる表題作「屋上で会いましょう」、離婚を決めた女性が友人たちを招き家財道具一式を処分する「離婚セール」などバラエティーに富んだ9編を収録。恋愛・結婚・離婚とは女性にとって何なのか、本を閉じた後にふと思いにふけってしまう一冊。

チャンビ　창비／
280ページ／
2018年11月

小説

ゾウの仮面（韓英バイリンガルエディション）
코끼리 가면(한영 바이링궐 에디션)
作：ノ・ユダ 노유다　**訳：キム・ユラ** 김유라

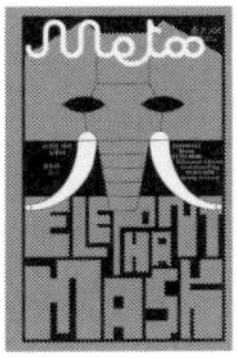

ある夜、地下鉄２号線合井駅から漢江までの道を素足で歩き続ける「私」は、妄想と記憶の間を彷徨う中、ゾウの幻影を目撃する。そして、深い井戸のように果てなく遠い昔の記憶と対面する――。深い霧の中に迷いこんだような印象的な場面から始まる本書は、実兄二人による家庭内性暴力を経験した著者による実話をもとにした小説。兄をかばう母、沈黙を強要する父。物語の重要なモチーフとして登場するゾウが示唆するものとは？　性暴力被害のトラウマにより双極性障害を患い、完成までに10年を要したという本作。その過程を著者は「冷たい復讐」と表現する。世界の読者との連帯を目的に制作された韓英エディションでぜひ。

ウムジッシ
움직씨／
92ページ／
2018年3月

小さなこころ同好会　작은마음동호회
ユン・イヒョン 윤이형

2019年、韓国で最も権威ある文学賞「李箱文学賞」を受賞したユン・イヒョンの新作小説集。刊行に際したインタビュー（※）で、「（江南駅殺人事件のあった）2016年以降、女性問題に関心を持ち始めた。自分が女性であることを自覚するにつれ、それらは私の話だと実感し小説にも自然に反映されるようになった」と語った著者。本作に登場するのは、政治的な活動から暗黙的に排除されてきた既婚女性、レズビアンカップル、トランスジェンダー男性、社内の性暴力を告発した女性など。韓国社会に生きる少数者たちに寄り添いながら、彼らの置かれた現実・苦悩を独特の鋭い眼差しで描く短編11作。※ブックDB「作家インタビュー」（2019.9.3、チュ・ヘジン）

文学トンネ
문학동네／
356ページ／
2019年8月

明け方の訪問者たち　새벽의 방문자들
チャン・リュジン、ハ・ユジ、チョン・ジヒャン、パク・ミンジョン、キム・ヒョン、キム・ヒョンジン
장류진, 하유지, 정지향, 박민정, 김현, 김현진

『ヒョンナムオッパへ』（日本語版は白水社）に続く、フェミニズム小説集のシリーズ第二弾。2019年現代文学賞受賞のパク・ミンジョン、2018年シン・ドンヨプ文学賞受賞のキム・ヒョンをはじめ、いま韓国で注目される20～30代の若手作家6人による作品と、作家本人によるあとがきを収録。見知らぬ男性とドア一枚を隔てた緊張と恐怖の対峙を描く表題作「明け方の訪問者たち」、教師の性暴力を生徒たちが告発したスクールmetooを題材にした「ユミの気分」、インディー音楽界に潜む性暴力を扱った「ベイビーグルーピー」など、この数年間に顕在化してきた韓国女性を取り巻く問題の数々がテーマとなっている。

タサンチェッパン
다산책방／
284ページ／
2019年7月

ハチドリ――1994年、閉ざされない記憶の記録
벌새―1994년, 닫히지 않은 기억의 기록
キム・ボラ 김보라

金日成死去、聖水大橋崩落事故など衝撃的な出来事が続いた1994年を舞台に、中学生ウンヒの日常と成長を描いたキム・ボラ監督の映画「ハチドリ」。抑圧的な家庭で育つ思春期の少女の揺れ動く心を繊細に描き、ベルリン国際映画祭をはじめ世界有数の映画祭で25冠を達成した2019年大注目映画のシナリオ集。映画公開と共に刊行された本書には、本編で描かれなかった約40分間のシーンを含むオリジナルシナリオを収録。また、小説『ショウコの微笑』の作家チェ・ウニョン、韓国フェミニストの必携書『フェミニズムの挑戦』の著者である女性学者チョン・ヒジンによる寄稿文なども掲載されている。

arte／
312ページ／
2019年8月

小説

ドッジボール王 ソヨン
피구왕 서영
ファン・ユミ 황유미

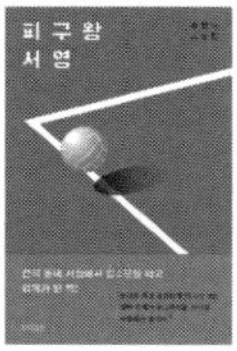

個人出版で刊行後、韓国各地の書店にクチコミで評判が広がり単行本化に至った話題の小説集。社会・家族・会社・学校といった集団の中の「個」にスポットを当てた短編5作品を収録。男児選好の強い家族から逃げ出すため主人公が極秘の渡航計画を企てる「水越えプロジェクト」、他人の視線より自分の意思を選択した女性たちの物語「ハイヒールを履かない理由」、「黒い服を着る女」など、フェミニズム的視点から書かれた作品も。自分らしく生きるための一歩を踏み出す勇気と熱いエールをもらえる一冊。

ビリーボタン
빌리버튼／
228ページ／
2019年1月

滞空女 姜周龍
체공녀 강주룡
パク・ソリョン 박서련

韓国の労働争議でよく見られる「高空籠城」(高い所に立てこもり要求を訴えること)を朝鮮で初めて行った実在の女性、姜周龍(カン・ジュリョン、1901〜1931)の人生を描いた伝記小説。平壌のゴム靴製造工場で働く周龍ら女性労働者たちは、ある日工場側から不当な賃金カットを通告される。ただでさえ劣悪な労働環境が一層悪化することに危機感を感じた周龍はストライキを決行するが……。夫と独立運動の道に進む前半部、いち職工として労働条件改善のために命をかける後半部の全2部構成。飾らない素朴な人となりと、自分の意思を貫く芯の強さを兼ね備えた周龍の姿が印象的。第23回ハンギョレ文学賞受賞作。

ハンギョレ出版
한겨레출판／
256ページ／
2018年7月

コミック・絵本

ミョヌラギ――嫁の、嫁による、嫁のための
며느라기—며느리의, 며느리에 의한, 며느리를 위한
ス・シンジ
수신지

SNS上で連載された人気漫画の書籍版。結婚して間もない女性の視点から韓国の家庭に根強く残る家父長制の問題点を絶妙なエピソードと共に描き、女性たちの共感と憤慨を巻き起こした作品。主人公は夫と共働きで暮らす新婚のサリン。義両親の誕生祝いや名節など様々な家族イベントに参加するうち、家庭内における男性の優位性をまざまざと実感する。自分の居場所がないような、微妙な違和感と不快感。それは徐々に大きくなり、ついにサリンはある行動に出るが……。2018年文化体育観光部長官賞、チョンガン文化賞(性平等文化賞)など数々の賞を受賞、社会的に大きな注目を浴びた漫画。

guulpress／
469ページ／
2018年1月

脱コ日記
탈코일기
作家1 작가1

社会が女性に押し付ける美しさからの脱皮、「脱コルセット」をテーマにした2巻完結の漫画。韓国では「脱コ」と呼ばれ、若いフェミニストたちの間でいま一番ホットなイシューを著者自らの経験をもとにリアルに描く。脱コして間もないペムヒ、美こそが女性の権力だと信じて疑わない友人ロヒ、ペムヒが憧れる女性スリ。3人の主な登場人物は、それぞれが著者の過去・現在・未来の姿だという点が興味深い。美への圧力が強い韓国社会に生きる女性たちの葛藤と抵抗、そしてその先にあるものは? 単行本化のためのクラウドファンディングで驚異の成功率38,696%を達成した話題作。

ブックログカンパニー
북로그컴퍼니／
252ページ／
2019年2月

コミック・絵本

ジェユンの人生
재윤의 삶
チョン・ジェユン 정재윤

ミメシス
미메시스／
144ページ／
2019年7月

作家本人がモデルでもある20代の女性主人公が、これまでの人生で経験してきた日常の様々な出来事を9カット漫画で描いたグラフィックノベル。SNS上での連載が同世代の女性たちの反響を呼び、新たに作品を加えて単行本化された。幅広いテーマが扱われていて、その数50以上。小さい頃から強要されてきた女性性と男性性、乳房とブラジャー、外見至上主義、生理、セクハラ、女性嫌悪など、性やジェンダーに関するイシューを大胆に取り上げているのが人気のポイント。全編にちりばめられた皮肉のきいた独特のユーモア感覚も魅力。

L婦人とのインタビュー
L부인과의 인터뷰
ホン・ジヘ 홍지혜

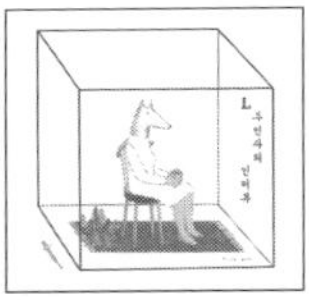

atnoonbooks／
52ページ／
2018年6月

オオカミ婦人は今日も朝から大忙し。掃除、洗濯、食器洗い。山積みの家事に追われていたらあっという間に一日が終わる。オオカミ婦人は元教師で、狩りの腕前も抜群だった。しかしすべて昔のこと。オオカミ婦人は今日も夢見る。自由に森を駆け回り、狩りをしていたあの頃を。そして戦場のような家から脱出したくなる。あ、こんなこと言っちゃいけないんだった。私は「いい奥さん」「いいお母さん」でなきゃいけないから——。結婚・出産・育児でキャリアを断念せざるを得なかった主人公が、自分を取り戻すまでの過程を描いた大人向け絵本。著者自身が自問自答し続けてきた経験をオオカミ婦人の姿を通じて表現している。

ZINE

フェム 펨
フェムFeRM 編集部
펨 FeRM 편집부

オンニネットワーク 언니네트워크

女性たちの連帯を目指す女性主義文化運動団体「オンニネットワーク」が発行するクィアフェミニズムマガジン。「性少数者であるフェミニスト、フェミニズムを実践する性少数者すべてのための雑誌」として2016年6月創刊。年1〜2回発行されている。「女性嫌悪」や「gender equality」といった特集テーマのもと、時代を代表する著名人をフィーチャーした記事や各種インタビュー、ブックレビュー、フェミニスト企業家にスポットを当てた記事など多彩なラインナップが特徴。韓国の主要書店などで購入可。販売店等の最新情報はホームページ（http://www.unninetwork.net/?cat=81）やフェイスブック（https://www.facebook.com/ferm.unninetwork）をチェック。

---

womankind KOREA
우먼카인드
womankind 編集部 우먼카인드 편집부

パダ出版社
바다출판사

2014年オーストラリアで創刊され、世界27か国で刊行されている季刊誌「woman kind」の韓国版。「女性の言語で世界を語る」をスローガンに、女性の自我、アイデンティティ、世界の女性たちの生き方について、文学・哲学・歴史・社会学・心理学など多様な分野からアプローチした読み応えある記事が特徴。2019年8月に刊行されたVol.8では韓国版オリジナル記事として、話題の韓国映画「ハチドリ」のキム・ボラ監督やフェミニズム書店「タルリ、ポム」代表へのインタビューなどを掲載。

韓国 女性と社会の歴史

若い女性たちが声をあげ、フェミニズムが熱く盛り上がる現在までに、韓国社会にはどのような変遷があったのか。女性運動、法制度、日韓関係含め時代を辿った。

－1945　－1970

女性たちの動き

韓国初の近代式女性教育機関、梨花学堂設立［1886］

朝鮮女子教育会創立［1920］

朝鮮女性のキリスト教青年会連合会（ＹＷＣＡ）創設［1922］

韓国初の女性政党の女性国民党結党［1945］

韓国最初の女性新聞「婦人新聞」創刊［1947］

大韓女性キリスト教連合会後援会（ＹＷＣＡ連合後援会）発足［1948］

韓国の女性関連法、制度、行政

甲午更張、女性再婚禁止、早婚制廃止［1894・7］

公娼制度廃止［1948・2］

国会議員選挙法、女性に参政権付与［1948・3］

憲法制定、〝男女平等の原則〟を宣言［1948・7］

韓国、世界、社会の動き

韓 甲申政変［1884］

日清戦争［1894～1895］

韓 甲午改革［1894］

日露戦争［1904～1905］

韓 日 日本、大韓帝国を併合［1910］

韓 3・1独立運動［1919・3・1］

日 関東大震災、朝鮮人虐殺事件［1923・9］

第二次世界大戦勃発［1939・9］

日本、連合国に無条件降伏。朝鮮半島における植民地支配が終了［1945・8・15］

韓 大韓民国樹立［1948・8・15］

韓 朝鮮民主主義人民共和国樹立［1948・9・9］

−1980

女性の社会参加拡大を掲げる「大韓女学士協会」創立［1950］

大韓女学士協会、売春禁止法制定を要求［1959］

女性団体連合「韓国女性団体協議会」創立［1959］

5・16軍事クーデターで57の連合女性団体強制解散［1961・5・16］

「韓国女性有権者連盟」創立［1969］

共和党女権拡張委員会設置［1973］

汎女性家族法改正推進会議。63女性団体と女性の関係者1千人が出席した結成大会開催［1973］

梨花女子大生デモ（空港で日本人の売春観光反対、言論の自由を求めるデモなど）［1973〜1974］

銀行、女性行員の結婚退社制廃止［1976］

梨花女子大学「韓国女性研究所」、ソウル女子大「女性研究所」設立［1977］

梨花女子大生2500人、維新反対を掲げ座り込みデモ［1977］

「韓日女性親善協会」設立［1978・5・10］

勤労基準法、女性保護規定の制定［1952・8］

刑法、姦通双罰罪の改正［1953・9］

淪落行為等防止法の制定［1961・11］

母子保健法制定、条例により堕胎許容範囲を拡大［1973・2］

憲法改正、「婚姻と家族生活は個人の尊厳及び両性の平等を基礎として成立し維持しなければならず、国家はこれを保証する」ことを明示［1980・10］

サンフランシスコ講和条約、日米安全保障条約、日韓国交正常化をめぐる交渉開始［1951］

韓 4・19革命［1960・4・19］

韓 5・16軍事クーデター、軍事政権発足［1961・5・16］

韓 朴正煕大統領就任［1963・10］

韓 韓国軍、ベトナム出兵［1965〜1972］

韓 日 日韓国交正常化。日韓請求権協定で、請求権問題は「完全かつ最終的に解決済み」と両国が確認［1965］

韓 朴正煕大統領維新憲法公布、独裁体制（10月維新）［1972］

日 勤労婦人福祉法制定［1972］

韓 金大中事件［1972］

日 共同通信「慰安婦・裵奉奇（ペボンギ）」報道（高知新聞・琉球新報など転載）［1975］

韓 朴大統領暗殺［1979・10］

韓 12・12軍事クーデター［1979・12］

韓 5・18光州民主化運動［1980・5・18］

―1990

女性たちの動き

「韓国女性開発院」設立（2007年5月「韓国女性政策研究院へ名称変更）［1983］

DV被害女性の相談や保護を担当する「韓国女性の電話」創立［1983］

「女性平友会」創立［1983・6・18］

女性学者を中心にした文化運動団体「トハナエムンファ（もう一つの文化）」設立［1984・11］

3月8日国際女性デー記念、第1回韓国女性大会の開催［1985］

淑明女子大学「女性学科」開設［1986・10］

「韓国女性団体連合」正式発足［1987・2］

「女性の電話」、DV被害女性のためのシェルター「シムト」開設［1987］

「韓国女性労働者会」創立［1987・3］

「女性平友会」の組織を改編、「韓国女性民友会」創立［1987］

韓国女性団体連合・韓国女性民友会、男女雇用平等法改正の動き［1988・4］

ユン・ジョンオク梨花女子大学教授、『「挺身隊」の怨霊が彷徨う足跡の取材』ハンギョレ新聞で連載開始［1990・1］

「韓国女性政治研究所」設立［1990・3］

37女性団体、日本政府委員の答弁を批判、共同で挺身隊問題について日韓政府へ公開書簡発送［1990・10］

韓国の女性関連法、制度、行政

勤労基準法施行令の改正、女性の就業禁止職種の一部解除［1982・2］

男女雇用平等法の制定［1987・11］

母子福祉法の制定［1989・4］

民法改正、家族関係関連［1990・1］

韓国、世界、社会の動き

日 女性差別撤廃条約発効［1981］

韓 政府、国連の「女性に対するあらゆる形態の差別の撤廃に関する条約」に署名［1983］

韓 大韓民国現行憲法公布［1987・10・29］

韓 大韓航空機撃墜事件［1987・11］

韓 ソウルオリンピック［1988］

日 参議院予算委員会で、従軍慰安婦の国家関与、調査の可能性を否定する政府委員答弁［1990・6］

日 吉見義明中央大学教授が北支那派遣軍参謀長岡部直三郎の通牒などを、軍の関与を証明する資料として発表［1992・1］

－2000

韓国婦人会「平等の電話」開設［1991］
「韓国性暴力相談所」開所［1991・4］
8つの女性団体、「軍慰安婦」問題に対する日本政府の公式謝罪及び賠償を要求。申告電話の開設［1991］
金学順さん他3人の旧日本軍慰安婦被害者を含めた35人、日本政府を相手に提訴［1991・12］
日本軍慰安婦被害者、ソウル日本大使館の前の定期水曜デモ開始［1992・1・8］
韓国挺身隊問題対策協議会、国連人権委員会小委員会に代表派遣［1992・8］
挺身隊被害者、日本政府相手の損害賠償請求訴訟の提起［1992］
釜山市などの慰安婦と勤労挺身隊被害者10人、山口地裁下関支部に1億円賠償請求訴訟を起こす［1992］
女性同性愛者の人権団体「キリキリ（似たもの同士）」結成［1994・11・27］
女性労働相談所、「平等の電話」相談室設置［1995］
韓国女性団体連合、MBC TV美人コンテスト中継停止を促す活動を展開［1996］
「平和を作る女性会」創立［1997］
第1回ソウル女性映画祭開催［1997］

改正家族法施行［1991］
公務員男女分離募集制度の廃止［1991・6］
性暴力犯罪の処罰及び被害者保護等に関する法律の制定［1994・1］
淪落行為等防止法改正、双罰制の適用［1995・1］
婚姻に関する特例法の制定［1995・12］
女性発展基本法の制定［1995・12］
性暴力犯罪の処罰及び被害者保護などに関する法律の改正［1997・8］

韓 政府、慰安婦被害者申告センター設置［1992］
日 政府の慰安婦問題調査結果第1次分、加藤紘一官房長官発表［1992・7・6］
日 育児・介護休業法施行［1992］
韓 金泳三大統領就任［1993］
韓 政府、日本軍慰安婦被害者の救済措置の方針を発表［1993］
日 政府、「慰安婦」第2次調査結果発表、「おわびと反省の気持ちを表明」（河野談話）［1993・8］
日 村山富市首相、日本軍慰安婦謝罪談話（民間資金による見舞金支給構想を発表）［1994・8］
日 「女性のためのアジア平和国民基金」（通称アジア女性基金）発足、政府予算から48億円拠出するほか国民から募金を募る［1995・7］
国連人権委員会『戦争中の軍隊性奴隷問題の調査報告書』（クマラスワミ報告）を受け入れ決議採択、日本政府の法的責任と補償を促した［1996・4］
日 橋本龍太郎首相「元慰安婦の方々への内閣総理大臣のおわびの手紙」［1996・8］
国連人権委員会『奴隷制の現代的形態』（マクドゥーガル報告）、慰安婦制度を「レイプ・センターでの性奴隷制」ととらえる［1996・8］
日 「新しい歴史教科書を作る会」設立。教科書の慰安婦記述などの削除を求める［1997］
日 中学歴史教科書7社全てに「慰安婦」が記述される［1997］

	−2000	−2010
女性たちの動き	関釜裁判で日本軍慰安婦被害女性の勝訴判決［1998・4］ 日本軍慰安婦記念館「ナヌムの家（分かち合いの家）」開所［1998］ 戸主制廃止運動本部発足［1999］ サイバー戸主制廃止運動サイトオープン［2000］ 戸主制閉止を求める市民連帯、戸主制違憲訴訟の提起［2000］	「戦争と女性人権センター」発足［2001・7］ 美人コンテスト「ミスコリア大会」の地上波中継停止［2002・5・19］ サイバー戸主制廃止運動展開［2003］ 日本軍慰安婦被害女性たちのための展示館「民族と女性の歴史館」釜山で開館［2004］ 挺身隊被害者、日本政府相手の損害賠償請求訴訟最高裁で原告敗訴確定［2004］
韓国の女性関連法、制度、行政	男女差別禁止及び救済に関する法律の制定［1999・2］ 政党法改正、比例代表30％の女性割当制度の導入［2000・2］ 性売買斡旋等行為の処罰に関する特別法の制定、性売買業者の処罰強化［2000・3］	女性農漁業人育成法の制定［2001・12］ 家庭暴力犯罪の処罰に関する特例法の改正［2002・1］ 性暴力犯罪の処罰及び被害者保護等に関する法律の改正［2003・12］ 教育基本法の制定、男女平等教育増進関連［2004・1］ 家庭暴力防止及び被害者保護等に関する法律の一部改正［2004・1］ 健康家庭基本法制定［2004・2］ 性売買防止及び被害者保護等に関する法律の制定、淪落行為防止法の廃止［2004・3］
韓国、世界、社会の動き	[韓] 金大中大統領就任［1998］ [日] 男女共同参画社会基本法制定［1999］ [日] ストーカー規制法施行［2000］	[日] DV防止法施行［2001］ [日][韓] サッカーW杯、日韓共同開催［2002・5・31］ [日] 2002年度中学教科書の「慰安婦」の記述が8社中3社になる［2002］ [韓] 盧武鉉大統領就任［2003・2・25］

―2019

第1回女性人権映画祭「相変わらず、誰も知らない」開催［2006］

日本政府が日本軍慰安婦強制連行を否定したことによる、汎市民糾弾集会［2007・3］

「妊娠出産の決定権のためのネットワーク」結成［2010］

韓国女性民友会、「女性芸能人の人権支援センター」開所［2010］

高麗大学医学部の学生による集団セクハラ事件［2011］

映画『トガニ：幼き瞳の告発』のヒットで、「インファ学校事件」が再検証される。「性暴行犯罪の処罰特例法改正案（通称トガニ法）」の国会通過［2011］

韓国挺身隊問題対策協議会、ソウル日本大使館の前に慰安婦平和碑（通称・少女像）を設置［2011・12］

「戦争と女性の人権博物館」開館［2012・5］

憲法裁判所、戸籍制の憲法不合致決定［2005・2］

低出産・高齢社会基本法の制定［2005・5］

女性発展基本法の一部改正［2006・12］

民法改正、配偶者の財産分配関連［2006・7］

女性部、移住女性のためのホットライン「366センター」設置［2006・11］

ソウル特別市「女性家族財団」発足［2007］

家族関係登録法の制定、戸籍制度の廃止関連［2007・5］

女性部、女性家族部に改編［2008］

多文化家族支援法の制定［2008・3］

家事訴訟法の改正、養育費履行制度の導入［2009・5］

日「アジア女性基金」2006年度をもって解散［2007・3］

日 安倍内閣、河野談話について「政府資料の中では強制性を裏付ける証言は発見できなかった」という内容の答弁書閣議決定［2007・3］

韓 李明博大統領就任［2008］

女性たちの動き

米国カリフォルニア州・グレンデール市に「慰安婦少女像」設置［2013・7］

韓国YWCA、安倍首相の「戦後70年談話」を批判する声明、日本の侵略戦争と日本軍性奴隷の歴史に対する反省と謝罪を促した［2015・9］

女性嫌悪に対抗するコミュニティサイト「メガリア」設立（2017年閉鎖）［2015・8］

ソウル・可楽洞ストーカー殺人事件発生［2016・4・19］

ソウル・江南駅付近女性殺人事件［2016・5・17］

江南駅殺人事件被害者追悼献花とポストイット追悼、集会、パレードなど多数行われる［2016・5］

Facebookのフェミニズム団体プルコッフェミアクション、「悪い女の夜道歩き」デモ［2016・5・24］

2015年日韓合意無効・旧日本軍性奴隷制問題の正義なる解決を掲げ「日本軍性奴隷制問題を解決するための正義記憶財団」設立［2016・6］

「デザイン・ソホ」、先輩社員にセクハラされたことをネットに投稿した女性社員を名誉毀損で訴える［2016・6］

梨花女子大学「未来ライフ大学」設立計画反対デモをきっかけに国会の監査が始まり、朴槿恵大統領の側近の娘の不正入学が明らかに［2016・7］

女性を狙う犯罪への対策を全面見直し・差別禁止法制定を促す署名を国務総理室伝達［2016・7］

医療法改正案廃棄と堕胎罪廃止を訴える「黒いデモ」［2016・10］

韓国の女性関連法、制度、行政

憲法裁判所、姦通罪の違憲決定［2015・2］

韓国、世界、社会の動き

韓 朴槿恵大統領就任［2013］

韓 セウォル号沈没事故［2014・4・16］

日 安倍首相「終戦70年談話」［2015・8］

日 日韓外相会談で日本軍慰安婦問題妥結宣言［2015・12］

日 韓 日韓合意に基づき、日本軍慰安婦被害者支援を目的とする「和解・癒し財団」公式発足［2016・7］

韓 朴槿恵－チェ・スンシルゲート［2016・10］

韓 ろうそく革命［2016、2017］

27の市民団体からなる汎フェミネットワーク、「江南駅付近女性殺害事件一周忌追悼式」を開催／国際性少数者嫌悪反対の日共同運動、「性少数者に対する嫌悪のない国を望む市民宣言記者会見」開催〔2017・5・17〕

ストーカー処罰法の制定を求める署名キャンペーン〔2017〕

月光デモ〝酒を飲んで性犯罪犯さないで〟〔2017・12〕

江南駅殺人事件2周忌「私たちは止まらない ― 性差別・性暴力を終わらせる4次集会」開催〔2018・5・17〕

Facebook本社前で「私たちは、ポルノではない」パフォーマンス〔2018・6〕

「日本軍性奴隷制問題を解決するための正義記憶連帯」発足〔2018〕

光化門堕胎罪違憲・廃止を促しパレード〔2018・7〕

女性検事が報道番組の生放送で元法務部局長のセクハラを告発、韓国でも#MeToo運動が本格的にスタート〔2018・10〕

不法撮影不公正捜査を糾弾する「不便な勇気」デモ〔2018〕

誠信（ソンシン）女子大学 ― 権力型性犯罪教授再採用糾弾デモ（約700名）〔2019・6〕

REAL DOLL（レイプ人形）輸入全面禁止を促すデモ〔2019・9〕

憲法裁判所、堕胎罪の憲法不合致決定〔2019・4〕

女性暴力防止基本法施行〔2019・12〕

【韓】朴槿恵大統領弾劾〔2017・3〕

【韓】文在寅大統領就任〔2017・5〕

【日】ジャーナリスト伊藤詩織さんが性暴力被害を公表、記者会見〔2017・5〕

ハリウッドで#MeTooを使った性暴力の告発が相次ぎ、世界的に広まる〔2017・10〕

【韓】康京和外交部長官、慰安婦問題の日韓合意について日本に再交渉は求めないと発表〔2018・1〕

【韓】平昌オリンピック〔2018〕

【韓】大法院が日本企業に対し、元徴用工への賠償を命じる判決〔2018・10〕

【韓】慰安婦合意に基づく「和解・癒やし財団」解散〔2018・11〕

【日】ホワイト国からの韓国除外〔2019・7〕

【日】あいちトリエンナーレで「少女像」を含む展示が抗議を受け展示中止〔2019・8〕

【韓】軍事情報包括保護協定（GSOMIA）、韓国が破棄〔2019・8〕

参考資料

ソウル女性家族財団　ジェンダーアーカイブ
http://www.genderarchive.or.kr/items/chronology

外務省ホームページ
https://www.mofa.go.jp/mofaj/

デジタル記念館　慰安婦問題とアジア女性基金
http://warp.da.ndl.go.jp/info:ndljp/pid/10310403/www.awf.or.jp/

千田夏光『従軍慰安婦』（講談社、1984年）

吉見義明『従軍慰安婦』（岩波新書、1995年）

宮崎正勝『早わかり東洋史』（日本実業出版社、1999年）

武田幸男編『朝鮮史』（山川出版社、2000年）

『新版　韓国の歴史』（明石出版社、2000年）

「戦争と女性への暴力」リサーチ・アクションセンター編『「慰安婦」バッシングを超えて』（大月書店、2013年）

木村幹『韓国現代史　大統領たちの栄光と蹉跌』（中央公論新社、2013年）

熊谷奈緒子『慰安婦問題』（筑摩書房、2014年）

ウ・ソックン著　古川綾子訳『降りられない船　セウォル号沈没事故からみた韓国』（クオン、2014年）

文京洙『新・韓国現代史』（岩波新書、2015年）

小川たまか『「ほとんどない」ことにされている側から見た社会の話を。』（タバブックス、2018年）

イ・ミンギョン著 すんみ・小山内園子訳『私たちにはことばが必要だ　フェミニストは黙らない』（タバブックス、2018年）

中村政則・森武麿編『年表 昭和・平成史 新版1926-2019』（岩波書店、2019年）

STAFF

〈コーディネイト・通訳・リサーチ〉

木下美絵

ソウル大学国際大学院韓国学専攻修了。韓国旅行情報サイト記者、在韓日系団体の現地職員を経て、現在は日韓書籍の版権仲介を行う「ナムアレ・エージェンシー」代表。

〈翻訳・リサーチ・制作〉

尹怡景

韓国・ソウル生まれ。慶應義塾大学大学院社会学研究科修了。
専門は文化人類学。慶應義塾大学社会学研究科非常勤講師。

〈翻訳・企画協力〉

すんみ　プロフィール　p.65

小山内園子　プロフィール　p.114

〈写真提供〉

봄알람　p.5

정혜윤　p.105

〈協力〉

이두루、宣善花

〈表紙デザイン〉

우유니게

〈本文デザイン〉

小松洋子

編集後記

韓国フェミニズムのあたらしい動きを知ったのは『私たちにはことばが必要だ　フェミニストは黙らない』原書に出会った2017年である。フェミニズム・リブート、江南駅女性殺人事件を契機に若い女性がフェミニズムに覚醒し、被害者追悼デモ、盗撮糾弾デモ、中絶禁止反対デモ等に数千、数万人規模で集まり声を上げげる。その動きをもっと知りたく、現地のアクティビストの声を集め、ソウルに出向き女性たちの話を聞いた。彼女たちは本気である。女性嫌悪、不平等、人権侵害、それらが残る社会を変えるために真剣に闘っている。個人的な満足だけを求めてはいない。私たちが、等しく社会で生きることを望んでいる。多くの彼女たちが日本の私たちに向けて発したことばは、連帯（연대）だった（宮川）

韓国フェミニズムと私たち

한국 페미니즘과 우리

2019年11月22日　初版発行

編集　タバブックス

発行人　宮川真紀

発行　合同会社タバブックス
東京都世田谷区代田6-6-15-204
http://tababooks.com/
info@tababooks.com

印刷・製本　シナノ書籍印刷株式会社

ISBN978-4-907053-37-6 C0095